学有所思

没有智慧的头脑，就像没有蜡烛的灯笼。

——列夫·托尔斯泰

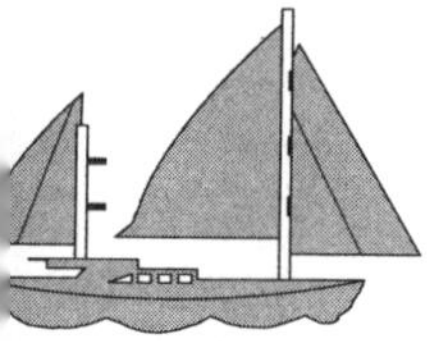

華中師範大學出版社

汪金权◎著

新出图证(鄂)字 10 号

图书在版编目(CIP)数据

学有所思/汪金权 著.—武汉:华中师范大学出版社,2015.2(2017.6 重印)

ISBN 978-7-5622-6405-7

Ⅰ.①学… Ⅱ.①汪… Ⅲ.①中学教育—教学研究—文集 Ⅳ.①G632.0-53

中国版本图书馆 CIP 数据核字(2015)第 034775 号

学有所思

责任编辑:王 炜 责任校对:易 雯 封面设计:胡 灿

编辑室:学术出版中心 电话:027－67863220

出版发行:华中师范大学出版社

社址:湖北省武汉市洪山区珞喻路 152 号 邮政编码:430079

电话:027－67863426/3280(发行部) 027－67861321(邮购)

传真:027－67863291

网址:http://www.ccnupress.com 电子信箱:press@mail.ccnu.edu.cn

印刷:湖北卓冠印务有限公司 督印:王兴平

字数:231 千字

开本:710mm×1000mm 1/16 印张:14.25

版次:2015 年 2 月第 1 版 印次:2017 年 6 月第 2 次印刷

定价:35.00 元

欢迎上网查询、购书

序　言

刘兴策

我最初知道汪金权校友坚持在山区中学任教 20 多年、并不断资助贫困学生的先进事迹是在 2010 年 5 月初。那年“五一”小长假的一天，我的第一届硕士生王秋隆的妻子孙雅萍到桂子山来看望我和老伴时，兴致勃勃地谈到他们这一届（中文系 1983 级）的多名同学利用“五一”假期从四面八方汇集到蕲春四中，探望汪金权，想帮助他建立“金权基金会”等情况，使我对汪金权和他同届同学们的善举顿生敬意；到 5 月中下旬，《湖北日报》《楚天都市报》率先连续报道汪金权的先进事迹，全国各大媒体也大力宣传，我对金权扎根山乡、全心全意帮助家乡学生成长的不平凡的业绩也有了较多的了解。2011 年 1 月，我和妻子、妹妹借到蕲春探亲的机会，由在蕲春县教育局任职的侄女婿陪同，到蕲春四中访问，与该校有关领导和包括金权在内的语文教研组的老师们座谈，参观了四中校园，对金权热爱教育、热爱学生、无私奉献的高尚情怀有了更切实的感受。

2013 年华中师范大学文学院分党委负责同志将汪金权的新著《学有所思》打印本交给我，请我为这本书撰写序言。我在一些杂事缠身的情况下，只断断续续地看了一部分文章。今年 2 月中旬，又集中精力仔细地通读了全部书稿，对金权的教育思想、为人处世之道、精神追求和思想境界，有了新的认识；同时在以下几个方面留下了深刻的印象。

（一）热爱学习，提倡多读书，读好书

孔子早在 2000 多年前就在《论语·为政》中说：“学而不思则罔，思而不学则殆。”他认为，只是学习而不独立思考，就会迷惘而无所收获；只是胡思乱想而不学习（已有的知识），就不能解答疑惑，甚至会产生某

种危险。金权在《好书枕头梦亦香》《向上走》等短文中，谈到为什么要读书和读什么样的书等问题。《好书枕头梦亦香》一文中说“阅读，给人提供适合他成长的精神营养”，《向上走》一文则指出：“学习能改变认识，提高觉悟，开阔眼界，增长见识，丰富人的精神世界，从而改变气质，改变命运。”这都是讲读书、学习的主要功能和重要性，教育青少年努力学习，多多读书；在《旧书》一文中，则提出不论是新书、旧书，只有多读好书，才能获得精神上的营养，帮助自己健康成长，如果“读一本不适宜的书，比不读还要坏”。金权不仅在文章、讲话中苦口婆心地鼓励、倡导青少年爱学习、多读书、读好书，而且在行动上也给青少年做出了好榜样。在全书117篇短文中，作者旁征博引，引用了古今中外许多名家的作品或讲话，据我不全面的统计，他引用了我国从古到今的老子、孔子（春秋末年)、孟子（战国时代)、司马迁、晁错（西汉)、诸葛亮（三国蜀)、陶渊明（东晋)、张志和、韩愈（唐代)、苏轼、陆游（宋代)、李时珍(明代)、朱伯庐（明末清初)、林则徐、龚自珍（清代)、孙中山、梁启超、李大钊、鲁迅、陶行知、于右任、张伯苓、邹韬奋（民国时期)、毛泽东、巴金、钱锺书、季羡林、钱学森、杨振宁、张舜徽、袁隆平、李泽厚、南怀瑾、朱镕基、温家宝（新中国）等思想家、政治家、哲学家、文学家、历史学家、教育家、医药学家的著作和讲话的内容，引用了《诗经》《孙子兵法》《易经》《黄帝内经》《三字经》《增广贤文》《三国演义》《水浒传》《西游记》《红楼梦》等著作中的名句，还引用了外国的政治家、哲学家、文学家、物理学家、发明家西塞罗（古罗马）及康德、歌德、马克思（德国)、列夫·托尔斯泰、列宁（苏联)、裴多菲（匈牙利)、爱迪生、杜威（美国)、泰戈尔（印度)、居里夫人（法国)、高尔基（苏联）等名家的著作或言论。此外，也或明或暗地引用了不少平民百姓喜闻乐见的民间俗语、谚语等。

作为一名在华中师范大学中文系受到四年良好的本科教育的大学毕业生，汪金权较深切地认识到古老中国悠久的历史文化中包含着认真学习、刻苦读书的优良传统；在《年年岁岁一床书》一文中，他热情赞扬了一个永不满足、不断进取的优秀的“学习型”家庭，认为要建立学习型社会，必须从建立学习型家庭开始。这也反映了这位全国优秀教师、全国教书育人楷模、湖北省道德模范，既重视继承我国古代的优秀文化传统，又与时俱进、并富有时代精神的崭新风貌。

（二）积极思考，重视实践，鼓励学生在“读无字书”中成为全面发展的、为多数人谋福祉的好人

如果说，上面所说的是金权对于读“有字之书”的见解和主张，那么，在《总有一些坎要跨过去》这篇短文中，金权明确地提出“生活是一本大书，一本‘无字书’，需要人耐着性子去解读，‘有关家国书常读，无益身心事莫为’”。“为有益事，读无字书。要相信，没有比脚更长的路。”在《看花容易绣花难》一文中，他指出：“眼界要高，措施要实……从生活中、交往中去读‘生活’这本书，‘无字书’中的智慧可以使人摆脱幻想、去掉妄想，以清醒的头脑去处理一个个琐碎的问题，以更坚实的步伐行走在大地上，以更矫健的姿态站在天地间。”在《论智慧》一文中他强调：“有智慧的人对于他所碰到的人和事一定有自己的观察与思考，他会提出自己的怀疑，他会冷静地分析轻重缓急，权衡利弊得失。”在《观察》一文中他开门见山地说：“观察离不开眼睛。但它不仅仅是看，还包括用心思考。”不但做事之前要注意观察和思考，在做事以后还要注意“反思”，“反思让人头脑清醒，意识到不足与失误”，“反思让人不断改进，不断调整”，他强调：“反思的人进步快，反思的民族人的素质高。”（见《反思》一文）

结合蕲春四中在 21 世纪所面临的新的机遇和挑战，汪金权明确提出，要“全面关心学生的成长进步，从德智体美劳各方面关心学生，培养学生，把育人放在首位，教书要服务于育人”。“要依托四中校园文化，教书、管理、环境形成育人合力，让学生养成良好的个性，良好的生活与学习习惯。”“让每个学生都有提高，都享受公平教育的阳光，都能适应现代化建设的需要，都能形成良好的个性与健全的人格。”说到底，就是要把学生培养成全面发展的，对人民有感情，自己有能力、有技术，能为更多的人谋福祉的好人。这也反映了金权的教育思想能够在教育和教学工作实践中不断丰富和发展，与时代的车轮一起前进。

（三）《学有所思》反映了作者朴实无华、平易近人的优良文风

全书 117 篇文章，大多数每篇只几百字，最短的只有两三百字。例如《好书枕头梦亦香》，只有 200 多字，却也反映了作者对于阅读的独特见解：“表面看来，阅读是养眼；实质上阅读是养心”，“阅读让人们在现实

之外保持一个精神家园”；在这篇短文的末尾，作者写道：“好书枕头梦亦香，有福人，阅读长相伴！”既照应了题目，又能引人深思，真是言简意赅。《那山真比这山高》是篇400字左右的短文，写的是作者在北京开会与住在同一间房的一位新疆老师交谈，了解到那位老师的成功经验——组织学生办班报。金权回校后也在班上试行，效果果然不错。他用明快的语言讲了北京之行的“一次意外的相逢，一条可贵的经验”，阐述了“与所有人交往都是学习”的道理，文章的末尾说：“坐井观天靠不住，那山真比这山高”，画龙点睛，言简意深。《从“危机”到“转机”》是一篇地地道道的千字文，作者旁征博引，用古今中外许多名人的名言与经历说明人要“恰当地定位自己，专攻术业，才能将‘危机’变为‘转机’”，才能“闯出一条新路，发挥自己特长”。其内容实在，有说服力。《严慈相济育英才》和《我所认识的张舜徽先生》都有1500字左右，在这本文集中算是比较长的文章了。前一篇通过回顾历史上的一些真人真事，说明父母或者老师对子女或者学生的教育必须严慈相济，才能更好地培育出英才的道理，言之成理，能以理服人；后一篇文章则是作者通过讲述自己与张舜徽先生的几次交往，以及在不同场合的亲眼所见、亲耳所闻，表达了对这位著名学者的真挚的崇敬与怀念之情，用平实而新颖的材料表达了作者的真情实感，因而有感人的力量。

人们常说，“文如其人”，对于校友汪金权来说，也是这样：他在事业上是一位为学生快乐、健康地成长实实在在做事的实干家；在文风上则是习惯于说真话、实话和心里话的老实人，从写作的实际需要出发，有话则长，无话则短，既不说空话、大话、假话，也不装腔作势，借以吓人。无论是长文还是短论，都是关注家事国事天下事，关注平民百姓的生活、疾苦，关注青少年的健康成长，真正做到了“笔吐文章血汗，情洒寒门学子，患难共维艰。不坠青云志，高吟劝学篇”。

2014年春写于武昌

目　　录

长话短说

杂记杂谈

长话短说

“利”令“智”昏

熙来攘往，无非“名”“利”二字。但名从何来，利为谁谋，大有讲究。

研究问题，不能满足于“差不多”，要学会寻根究底，追溯本源。

邹韬奋先生说：“一个人光溜溜地到这个世界上来，最后光溜溜地离开这个世界而去，彻底想起来，名利都是身外物，只有尽一个人的心力，使社会上的人多得他工作的裨益，是人生最愉快的事情。”这是劝人尽心尽力多做有益于他人的好事。高尔基也说过：“生活中最大的享受，最高的乐趣就在于觉得自己是为人们所需要的，使人们感到亲切的。”能为人所需，能满足他人的需要，是一个人有能力的表现；说明他会“发光”，为他人带来温暖和光明，能帮人减轻痛苦，增加快乐，是一个“有益于人民的人”。

“事拙全因利，人昏皆为贪。慢言香饵妙，端只是鱼馋。”（清代长篇小说《好逑传》）前车倒了千千万，后车倒了万万千。什么原因？“利”令“智”昏。“有钱做不到”是什么问题？心肠问题。

人应该有山的沉稳，水的灵动。岂可尽如人意？但求问心无愧。站得稳，行得正，树正何愁月影斜？

爱我就请帮帮我

“一个篱笆三个桩，一个好汉三个帮。”（俗语）皇帝也有三门穷亲戚，皇帝也曾向人借兵马。居家过日子总会有一些难处，当自己无能为力的时候，必然会求助于人。“上山擒虎易，开口告人难。”（俗语）告别人的状子不容易，求人帮忙同样存在一个面子上过不去的顾虑。

“人不伤心泪不流”（俗语），不到万不得已，谁愿意放下自尊去哀求别人？有自尊的人都力求独立自主、自力更生地去解决自己遇到的问题。“术业有专攻”（唐代韩愈《师说》），自己不懂，自己没把握的事，还是寻求外援更有效。

陈望道先生在《论爱》中说：“不抵抗善，使善滋长，固是爱；抵抗恶，使恶消绝，也便是爱。”为了生存，为了学习本领，向强者、能者求助，并不丢人。不劳动，去骗、去偷、去抢，犯法、犯罪又出丑，才是真正可耻。

“投我以桃，报之以李。”（《诗经·大雅·抑》）承受恩惠要记得，要感激，要以实际行动作出回报——“滴水之恩，涌泉相报”（俗语）。知恩图报，会形成一种良性循环，爱心传递，真情接力。

《伊索寓言》有一句忠告：“有福不肯与人共享，有祸也不会有人共当。”一定要记住。

爱我，你就帮帮我！

财散则民聚

财散则民聚，财聚则民散。

要生存，要发展，没有利益肯定不行。老板要员工卖命，没有好处，没有利益，这种要求有用、有效吗？

孟子说，有恒产者有恒心。有他的一份利益，有他的一点地位，他才会安于本分，守住那一份既得利益，是谓安分守己。如果一个人无恒产，没有财产，没有职业，怎么能指望他不搞破坏呢？梁启超在《敬业与乐业》中指出，对于无业游民，孔夫子未必有什么良法去对付。让一个人有事做，能就业，不仅仅是拯救了他本身，也是在帮助他的家庭，大而言之是增加社会稳定，多一份和谐。

“有才”然后“有财”。财富不会自动从地底下冒出来，也不会凭空从天上掉下来，财富要靠大家去创造。每个人要争当建设者、创造者，不要去做那个“人见人嫌”的破坏者。技能是一个人价值的核心，不学无术在任何时候都不受欢迎。

“生意钱，眼面前”（俗语），血汗钱，万万年。劳动所得，用得放心，用得舒心。

不要认为钱到了你手中就是你的，问一问良心，该不该得。极少数人之所以走向万劫不复的深渊，皆因心贪且心存侥幸，认为只有“天知、地知、你知、我知”（俗语），关键时刻会有人出来挡一把。所以，胆子越来越大，邪路越走越远，非常可惜，非常可怜，非常可恨！

前人的忠告不能忘却：

子孙比我强，留钱做什么？子孙不如我，留钱做什么？

草色遥看近却无

适当的距离是一种美。

审美距离太近了，不行。眼睛看得见山川风物却看不清睫毛；“不识庐山真面目，只缘身在此山中”（苏轼《题西林壁》）也印证了这个道理，摄影距离太近，人面部的瑕疵都一目了然，那就根本谈不上美。观看巨大的油画、建筑和自然风景当中的大山、巨石、大树等，太近了看不到全貌，也很难令人满意。

有一个关于刺猬依偎取暖的故事告诉人们，不即不离是最好的距离，太近则相互伤害，太远则彼此都无法取暖。

从观赏艺术品和体验生活的角度来说，适当的空间距离的确是不错的选择。鸡蛋放在一起时怎样才不破？适当地保持距离。人与人的感情有时也会因为分开一段时间而更加融洽，这方面例子很多。适当分开可以降低摩擦，减少矛盾，改善关系。

以上说的是空间距离，还应该关注心理距离（特别是情感距离）。有人说，世界上最远的地方不是天涯海角，而是两颗心之间的距离。

也有人说过，脚不能到达的地方，眼睛可以到达；眼睛不能到达的地方，心可以到达。这话很有见地，富含哲理，引人深思。

承认无知

承认无知，认真求知。“与牛斗力”，硬充好汉，势必伤痕累累，疲惫不堪。

古罗马政治家西塞罗说：“无知是智慧的黑夜，没有月亮、没有星星的黑夜。”已知好比一个圆，圆外就是我们还不知道的知识。圆越大，边界越大，所接触到的无知也就越多。

“学习的敌人是自己的满足。要认真学习一点东西，必须从不自满开始。”“决定的需要的倒是其反面——诚实和谦逊的态度。”毛泽东主席的话真是语重心长。

人家的缺点没看出来，我们自身无任何损失。他人的长处没学到，那就无法进步。学习是为了超越，“学我者生，似我者死”（齐白石）。每个人的成功都有其特殊的条件，成功不可复制，教训不妨吸取。

全力以赴是奋斗；适应变化，另找出路，也是奋斗。

杯子只有清空，才能重新使用；算盘及时归零，才好重新计算；承认无知，才好轻装上阵……

出发

每天是人生的一个小阶段，每天可以抵达一个目标，休整之后，又该向着下一个目标进发。人只要活着就免不了要动。于是，活动成为常态。生命在于有节律（奏）的运动——文武之道，一张一弛。

人应该学会诗意地生活，学会照顾自己的精神世界。著名学者季羡林先生曾经说过：“人活一世，就像作一首诗，你的成功与失败，都是那片片诗情，点点诗意。”

休整之后，精神与体力得到恢复，人就会以一种全新的状态投入到工作和生活中去，许多问题似乎到了“山重水复疑无路”（南宋陆游《游山西村》）的地步，却不料峰回路转，柳暗花明又一村。善于休息与善于工作同样重要，二者相辅相成。由于休息不好，许多人的工作达不到最佳状态。到处都有会工作的人，而会休息的人并不多见，会休闲的人更是凤毛麟角。古人提倡忙忙碌碌，反对无所事事，其实是深谙“无事生非”的道理。人要顺其自然，但不可简单地听其自然，要像居里夫人那样对工作中的利弊得失有一颗“平常心”。“我们必须有恒心，尤其要有自信力！我们必须相信我们的天赋是要用来做某种事情的，无论代价多么大，这种事情必须做到。”（居里夫人）活着就要正常工作，居里夫人正是凭着这样的工作热情和态度，达常人所不能达，两次荣获诺贝尔奖。人一旦没有事做，必然会胡思乱想乃至胡作非为。

竹子每上升一个阶段都会作一个“小结”，要勇敢地跟“过去”告别，果断地关上身后的“门”。

人生好比一场马拉松长跑，一天又一天，迎着地平线，出发！

从“危机”到“转机”

苏轼有句名言：“古之立大事者，不惟有超世之才，亦必有坚忍不拔之志。”汉代刘邦重用“三杰”：张良、萧何、韩信，逐渐由被动变为主动，终于在楚汉相争中打败项羽，建立了一番事业。李嘉诚先生当年在香港担任生产塑胶制品的长江塑胶厂的董事长兼总经理时，塑胶厂正面临倒闭的危机，作为公司的领头人，他在危机面前表现出大智大勇，不慌不忙，积极借鉴国外的管理模式，引进许多新工艺，研制出很受市场欢迎的塑胶花。终于，长江塑胶厂的命运出现大的转机，企业东山再起，迅猛发展。司马迁为敌众我寡、力量悬殊太大、战败被迫投降的好朋友李陵辩护，触怒了汉武帝，因此被打入大牢，施以宫刑，当时他冷汗直冒“发背沾衣”，痛不欲生；但他摒弃了“轻于鸿毛”的轻生，隐忍苟活，历时十年写出文学和史学鸿篇巨著——《史记》。至此，他的一世英名，可谓“重于泰山”。苏东坡才华横溢，豪气冲天，一生坎坷，晚年回忆“问汝平生功业，黄州惠州儋州”。是金子总不会被埋没。虽然被贬之又贬，但苏轼留下的诗、词、文、书、画等多方面的杰作，让后人叹为观止。

1910 年，曾以种棉为主的美国亚拉巴马州，遭遇了一场特大灾害：象鼻虫如狂潮般席卷了所有棉田。棉农们欲哭无泪，痛定思痛。危机逼着人们寻找出路，棉农们于是在棉花田里套种了玉米、大豆、烟草等农作物。尽管棉花田里仍有象鼻虫，但不足为患，少量农药就可以杀灭。共生共荣的农作物长势良好，多种经营所带来的经济效益比单纯种植棉花要高出许多。由此看来，坏事也可以变成好事。美国亚拉巴马州人民至今还感谢象鼻虫呢！

19 世纪英国著名哲学家、教育家斯宾塞曾经指出：“教育的最终目的就是要教会学生适应环境的能力。”中国在培养孩子时通常是哪科弱补哪科。“偏才”“怪才”的“一专多能”与“样样通，样样松”而又派不上什么大用场的“万金油”式的人才，可谓天壤之别。没有哪个人能对十八般兵器样样精通。在真正的比武中，不怕千招会，就怕一招绝。试想，如果让刘翔去学唱歌，让姚明去学演电影，让巩俐和章子怡去学跳水，让邓亚萍去学游泳，结果会是怎样呢?

事实上，大可不必绝望，上帝在关上一扇门时，总会打开一扇窗。韩愈说过，古之君子，其责己也重以周，其待人也轻以约。池莉说：“人生可做的事情很多，但世上不知有多少聪明人，一生都没有做好一件事。”国民党元老、著名书法家于右任先生在谈到长寿秘诀时说道：“不思八九，常想一二。”要像李白所说的那样，相信“天生我材必有用”。

不是所有的竹子都适合于做笛子。恰当地定位自己，专攻术业，才能把压力变为动力，在危机中找生机，把危机变为转机，充分发挥自己的特长，闯出一条新路。

从允许他人说话做起

大凡物不得其平则鸣。毛泽东主席在革命战争中历来主张集思广益，集中群众的智慧。在陕北时他曾根据党外人士李鼎明先生提出的“精兵简政”原则，对政府机关和军队进行了整编，增强了部队和机关的战斗力。他多次倡导“知无不言，言无不尽；言者无罪，闻者足戒”的自由表达，并要求听话人采取“有则改之，无则加勉”的积极态度来对待来自他人的批评。

我们经常说“尽管我不赞成你的观点，但我尊重你说话的权利”，也就是说，言论自由是公民人身自由的表现之一。当然，有说话机会并不等于可以随便乱说。一个有爱心与责任感的人，要学会负责任地说话，说负责任的话。

对外经济贸易大学梁凯音教授说：“说话权可以体现为寻找发出声音的权利，而话语权要追求其所表达的话语能被确认。”可见，“说话权”，是每个公民都应该争取并应得到保护的。而要寻找话语权则不妨从尊重他人说话权开始。

当一个国家实力发展到一定程度，必然要寻求在国际事务中的话语权。一个团队、一个人，只有当其自身具备一定实力，能承担相应的责任，能让他人充分了解、深入理解，能产生信任，此时，说话才有分量。

加强交往，深入了解，相互信任，才能在参与中去分享社会发展的文明成果，才能让他人不得不认真倾听。

认真学习各地的语言，拓展了解外部世界的窗口，努力创造互利共赢的条件，在保持和谐局面的同时，走稳自己的人生路。

“单车”难胜“士象全”

“生意好做，伙计难找”，说的是做生意很难找到志同道合的合作伙伴。单丝不成线，独木不成林。大凡事业有成者，一定有一股力量在支持着他，推动着他。高度的共识与精准的定位是成功的法宝。

人有一个特点，总想找一些与自己想法一致、性情相近的人共事。事实上，人和人又不同，一娘生九子，九子九般心，一母所生的兄弟姐妹尚且相差那么大，更何况是在不同环境中成长的同事？

这方面要向曾国藩学习，他身边的人也是有棱有角，个性各异，但他用其所长，略其所短。他善于团结人，识才、爱才、重才，所以很多人才乐于与他共事，愿意为他效劳。

在对待人才问题及如何学习方面，周恩来总理说过：“与有肝胆人共事，从无字句处读书。”

大家比较熟悉的“楚汉相争”的故事中，项羽只有一个范增却怀疑、疏远他；刘邦得张良、萧何、韩信三杰辅佐，建立大汉王朝四百年基业。

团结一切可以团结的力量，形成整体优势，事业一定可以无往而不胜。

德育，重在转化思想

什么是德育？德育是一门思想（政治）课、实践课。德育的方法是摆事实，讲道理，见行动。其基本功能是善化人心，用先进的事实感染人、教育人，用违纪、违法的教训警示人、触动人。没有认识上的提高，没有灵魂深处的自省与自觉，很难坚持下去。德育要落实到日常的一举一动，一言一行；尊重人格，尊重劳动，尊重个性，尊重自由。在保持人格独立和精神自由的前提下，克制自己的贪婪欲念，守住自己做人的底线，保持积极乐观的人生态度，能站在他人角度思考问题（同理心，换位思考）。认准方向，讲究方式、方法，用人格影响人格，赋予一个人责任感、使命感。崇高的责任感是干好工作、搞好群众关系的出发点和持久动力。一个高尚的人应该是一团火、一面旗、一盏灯；这个人不是没有动摇与阴影，而是不为卑微所左右，能根据形势的发展来调节自己、完善自己。

“人之初，性本善。”（《三字经》）相信人性中善良的因素多，相信善的持久力，用宽容的心去包容那些思想暂时转不过弯的人。用诚信的力量，用期待的眼神，用肯定和赞美的方式来鼓励人。少一点抱怨和批评，多一点积极的、合理化的建议。一次只讲一个问题，把一个问题说透。同样的问题不简单地重复，可以间接地提醒。

“随风潜入夜，润物细无声。”（杜甫《春夜喜雨》）真正的德育，如春风化雨，如静水深流，如桃李不言，下自成蹊。品德养成、人格形成，有如给一台电脑装上了软件，这个软件不一定速度最快，但能与其硬件所承担的功能相匹配。如要求计算精巧，为财务软件首选；安全、保密第一，为军事、公安、金融系统软件必备；功能比较齐全，各种符号完备，是排版软件的必然要求……

什么叫脱胎换骨，什么叫重新做人？用正确的思想武装头脑，用为公为民之心去从事工作。心念一转，态度一变，方法一改，人就是新人。

毛泽东主席说革命靠自觉，做什么事情不靠自觉？没有自我认识的提高，没有更高的觉悟，怎么样带领群众、影响和说服他人？对于违纪、违规，一定要有惩罚。如果违法违纪付出的代价大，人就会有所约束。对于一部分人来说，由于无知变得盲目自大，坐井观天，超出知识能力之外就一点也吃不消，混不开；但又喜欢讲风凉话、好逸恶劳，赌博、偷懒，坏毛病不少，一定要让他有事做，让他们各自为生计忙起来。容忍恶习、陋习漫延，容忍极少数人无法无天，就是伤害大多数人。

爱的德育，要动机、要过程，最终要效果。效果好，手段可以灵活，罚恶与赏善，都是救人的方式。重症用猛药，小病慢慢调。治病虽然有些痛苦，但目的在救人。心病还得心药医。生活、学习、工作中一点一滴做到高标准，严要求，与人为善，方便他人，爱护他人，德育才是成功的。

经得起时间检验，经得起社会检验，经得起大灾大难和波澜不惊的日常琐事的检验，德育的实效性才算真正深入人心，化作一个人永恒的精神动力。

激发、提示、坚持，对生活充满信心，相信东风一定可以唤醒沉睡的大地。“和而不同”的中华文明一定可以在新时代焕发出勃勃生机。

思想转化，反反复复，前进中会有曲折，曲折中不断前进！

多情却似总无情

高尔基说过："疼爱自己的孩子是母鸡也会的事情。""严是爱，松是害，不管不教会变坏"（俗语）说的是人具有可塑性，通过科学的教育，人可以越变越好。但爱也是有限度的，溺爱就是爱过了头，过度的爱就变成了伤害。

"严"也有一个分寸。"严厉"，让别人受不了，就是过了头；放任自流，不闻不问，那就是太松，也是不负责任的一种表现；"严格"，严要求，但让人可以接受，是为恰到好处。

父母为什么对自己的孩子严加管教，这是爱得太深，"恨铁不成钢"，担心他们不能在社会上自立。尽管表现的方式看似"无情"，但父母内心深处对子女抱有很大的期望。所以，当一个孩子长大，真正能在社会上干一番事业后，他（她）不仅不怨恨父母和老师，反而心怀感激。

教育有一个滞后效应，"苦大仇深"的拼命三郎也许能一时考个高分，漫不经心的"喜欢"或许能作出一辈子奉献。

看动机、看手段都不够，最终还得看效果。

发明多系"懒"人为

"懒"，有赖于心也。"求人不如求己"（《论语·卫灵公》），求己就是相信自己，依靠自己。

人类为了迅速到达远方而发明了汽车、火车、飞机等快捷的交通工具；为了渡江、渡海而发明了轮船、大桥、隧道。为了运输石油、天然气，人们发明了管道运输。为了减轻重复、繁重的体力劳动，人们发明了可以提高生产效率的各种机械。为了传输信息，人们发明了无线电通讯与互联网……

为了体力的轻松，人们不得不开动脑筋去进行各种发明与创造。不满足于现状，所以就想办法去改变现状。"懒"只是一个表象，其实质是多动脑，想新招。"懒"本是一件不好的事，为了偷懒而作出了前所未有的发明创造，这也算是化腐朽为神奇——坏事变好事。

干事情有"苦干"与"巧干"的区别。巧干中包含有偷懒的成分，也有发明创造的因素。

事物发展都有其规律，有一个懒人种树的故事，讲的是懒人把树种好以后不大照管，任其自生自长，树反而长得非常好。违背规律的所谓"勤"，似乎精神可嘉，但还是不提倡为好。

风　筝

“儿童散学归来早，忙趁东风放纸鸢”（清代高鼎《村居》）说的就是放风筝。

鲁迅写过一篇散文，说的就是童年时代不让弟弟玩风筝，毁坏了弟弟的风筝。多年后，兄弟们都长胡子了，有一次相聚，他就此事向弟弟道歉，弟弟却笑着说：“有这回事？我可早就不记得了。”鲁迅以为，玩乐在儿童的生命中占有极重的分量，以至几十年中他对不允许弟弟玩风筝的这件事一直记在心里，一直有一种内疚感。鲁迅先生也是在接触了大量的西方科学之后才真正意识到快乐对于儿童有多么重要。

学生为什么不想、不喜欢上学？没有吸引力是其中一个重要原因。如果校园里有歌声、笑声与书声，是一个“好玩”的地方，有快乐，孩子们怎么会不留恋呢？现实的状况是，很多学生学没学好，玩没玩好。只有让孩子们玩好，然后才能学好。玩中学，边玩边学，以期达到“玩要玩好，学要学好”的目的。

少年时代记忆力最好，一定要背诵一些经典的东西。有线牵着，风筝似乎受到限制，飞不高；如果没有那根线，风筝就会失去平衡，一头栽下来……

共有一个家

“这是心的呼唤，这是爱的奉献。这是人间的春风，这是生命的源泉。……啊！只要人人都献出一点爱，世界将变成美好的人间。”韦唯演唱的《爱的奉献》感动了万千中国人。

人与人之间摒弃仇恨与斗争，看重友爱，体现了文明与进步。人与自然、人与人之间，由于长期的仇恨与斗争，曾经造成了极大的伤害和痛苦。能从教训中清醒，应该是好事。

爱是由己及人，由近及远，层层铺开。古人讲究修身、齐家、治国、平天下。爱自己、爱自己相关的事物，是本能，动物也会的，“野兔不吃窝边草”（高阳《胡雪岩全传·平步青云》），“一只野鸡要护三个山头”(俗语)。

事物之间有着千丝万缕的联系。直接的损失引人注目，间接的损失千万不能忽视。

封闭必然落后。交通运输事业的发展与进步，使得物资流通更为便利。孙中山先生设想的“货畅其流”早已变成现实。不同职业、不同地域的人群能得到基本相同的享受。“你中有我，我中有你”，人类在“地球村”中有了更多的“一致”。陌生人之间表面看似无关，实则联系更为紧密。

东西方文化在“爱”的方面有差异。西方文化中，你落后你就该挨打，我不仅不帮你，反而会侵略你。小部分人占有绝大部分财富，广大无产、无业者生活在贫困当中。个别西方国家长期靠殖民掠夺维持高福利、高享受，不生产、少生产，通过发展金融业，长期靠举债运转，在当今时代再也支撑不下去了，经济危机便出现了……

有爱，人类才有希望。“同是人，皆须爱；天同覆，地同载”，《弟子规》中的教诲值得仔细揣摩。

同在蓝天下，共有一个家。

爱，支持人类走到今天；爱，将伴随人类走向未来。

关　系

单丝不成线，独木不成林。人是自然人，更是社会人。若要生存，必须合群。物以类聚，人以群分。合群离不开家族、团体，离不开社会，其目的是增强应对灾害与挑战的能力。

合群固然是为了彼此团结，增强凝聚力，但也并不是不讲善恶，不明是非。“和”应该是多样性的统一。孔子讲“君子和而不同”。竞争的前提必须是公平、公正，然后“通过竞争相互促进、共同提高”，求同存异，和睦相处。

要学会从比较中去体会、珍惜幸福。有一个典型的故事说得很明白。一个少年为缺少一双新鞋而苦恼、郁闷，直到有一天他发现有一个同龄人失去了双脚；而且这无脚之人饱读诗书，用笔传播快乐，服务大众，因而自感极为幸福！幸福也许真的要从比较中得来吧！

山和山不相遇，人与人总相逢。尤其是身边的同事，低头不见抬头见。因自私、贪婪、嫉妒而去伤害他人，向别人散发不愉快，这种不良的声波会放大并反射回来，这不是害人终害己吗?

容忍丑恶，就是戕害美好。俗话说，与人方便，自己方便。其实，以道义相交，人际关系最牢靠、最持久。

管理自我

认识自我，管理自我，超越自我。

道理许多人都知道，许多人都懂得，许多人也说过；而真正难在如何“做到”。杂交水稻技术，不仅许多中国人想到要研究，国外也有不少人投入研究，大多认为成功的概率近于零。但袁隆平院士和他的研究团队做到了，把一个设想变成了现实。学科分化愈来愈明显，分工也愈来愈细，于是对学科门类需要重新思考，建立一个合理的学科系统，许多人都想到了，只有中国“首席”科学家钱学森一个人做到了。华罗庚当年学历不高，清华大学教授熊庆来把他召到身边当助手，并送他出国深造，后来他青出于蓝而胜于蓝。谁不想培养出值得自己崇拜的学生，在数学界也有不少人想过，但熊庆来是真的做到了。

自我管理，是真正意义上的管理。它源于对人的尊重，基于人性的自觉。孟子说过：“无恻隐之心，非人也；无羞恶之心，非人也；无辞让之心，非人也；无是非之心，非人也。恻隐之心，仁之端也；羞恶之心，义之端也；辞让之心，礼之端也；是非之心，智之端也。人之有是四端也，犹其有四体也。”这些都证明了每个人都有善心善念，只不过表现在不同的时间、地点与事情上，程度有差别而已。

人除了意识到外界的一切变化之外，还能反省自身的行为，剖析自己的心理，会意识到自己在干什么，干得怎么样。

曾任《人民日报》总编辑的范敬宜先生总结了两句话：“人不求全，求全则天下无可用之材；文不求同，求同则天下无可读之章。”如果他人有什么做得不好、不对的地方，应该善意地指出来，及时提醒一下。如果对方不了解，就有可能不理解，甚至会误解与曲解我们的诚意，那么坦诚、有效的沟通显得尤为必要。对于一时脑子转不过弯来的人，要给他们一些时间，宽容他们，让他们有改正的机会。“饱汉不知饿汉饥”（清代李宝嘉《官场现形记》）“站着说话不腰痛”，没有切肤之痛的感受很难理解他人的痛苦。没有同情心，不去换位思考，就不能很好地理解他人、帮助他人。

“智者千虑，必有一失；愚者千虑，必有一得。”（司马迁《史记·淮阴侯列传》）不能骄傲自满，要谦和礼让、平等待人。中国传统文化在论人时一直是“人格第一，学识第二”，因此认识自我只是起点，管理自我才是关键，超越自我则是一种向上的积极追求。

过能改，归于无

张伯苓先生说过，人免不了走霉运，但不可有霉相。要始终保持一种良好的精神状态，“冠必正，纽必结”（《弟子规》）。

每个人都有一本乱“账”。一见面就像祥林嫂那样向人诉苦，或是牢骚满腹，本来想博取同情与支持，殊不知向他人倒苦水也是给别人增加烦恼。理解的人自然理解，不理解的人会生出反感：“来说是非者，便是是非人。”（《增广贤文》）不良情绪泛滥，只会招来更多的无名敌意，只会在无意当中伤害人——说者无心，听者有意。话语经过转述意思也会发生较大改变。

《弟子规》上说：“无心非，名为错；有心非，名为恶。”犯了错误改正即可。改错需要勇气，敢作敢为，还要敢于担当。胆量、见识、技能三者缺一不可。把抱怨的时间用来纠偏补过，作最坏的打算同时作最大的努力，你会发现生活原来依然美好。

思考是智慧的根源，人类一思考，上帝都发慌。

过一种自然的生活

《现代汉语词典》对自然的解释是：自然界。自由发展；不经人力干预。表示理所当然。不勉强，不局促，不呆板。

听其自然，就是消极无为，不作努力，甘于平庸；顺其自然，则是主动有为，在困难面前能从容镇定，不慌不忙，不盲目蛮干，不违背自然规律。保持平常心，学会为自己减轻压力与负担，放下包袱，轻装上阵，在实际生活中也许能达到一个较为理想的境界。

敬畏自然，善待自然，就是保护我们人类赖以生存的家园。青山常在，绿水长流，我们才会世世代代幸福长相伴。

自然界有春夏秋冬，有阴晴雨雪，人应该适应它，顺从它。《黄帝内经·四气调神大论》就是我们的祖先在养生保健方面高度智慧的概括。一动一静，一张一弛，有节律的活动才能保证人体机能正常工作，才能增强抵抗疾病的能力，才能健康长寿。

过一种自然的生活。有舍有得，少一点奢望，多一点希望。

汉字——中华文化的根基

诺贝尔奖得主杨振宁先生，在诺贝尔奖颁奖仪式上，坚持用汉语发言，捍卫了汉语作为一个中国人的母语应有的地位。杨先生对汉语的态度值得每个中国人学习。

汉语，中国五千年文化最重要的载体。用它记录的文献汗牛充栋，不计其数。

汉字是智慧的精灵。每个人的生命受到时空的限制，由于有了文字，同时代的人无论多远的距离都可以交流；后一代人读前代人留下的文字，可以趋利避害，少走弯路。不同时代的人，可以从未谋面，但不妨心灵相通。

一棵树长得再高、再大，也离不开大地，不能没有根。汉字是汉文化乃至中华文化的根基。如果随意地乱写汉字，轻者，对自己的生命不负责任；重者，对优秀文化的传承与弘扬极为不利。民族自尊心怎样才能不受伤害？热爱传统文化、保护优秀的文明成果，学习好、运用好汉语，让我们的精神世界更为丰富、更为厚重，对于创造新文化才多一份自信、多一份睿智。

没有文字的民族只有两种命运，要么被消灭，要么被同化。中华民族自立于世界民族之林的精神支柱就是以汉字为代表的中华文化。

现代中国人受教育大多是从认识“人、手、足、刀、尺”开始。一旦记住了汉字，学会了汉语，文化也就变成我们生命的一部分。无论我们开口说话，还是沉思默想，我们都离不开它们。汉语充实了我的生命，我用汉语表达；我的生命毕竟有限，只不过是汉语长河中的一个不起眼的泡沫而已。我的喜怒哀乐、我的悲欢离合，因为有了汉语就可以自由地表达，酣畅地宣泄……

汉语，我们灵魂的诉说。汉语没学好，有两种痛苦：说不出的痛苦——有话说不出来；写不出的痛苦——没法用准确、简明、连贯、得体的文字把自己的思想感情表达出来。“巧妇难为无米之炊”（宋代陆游《老学庵笔记》），无米做不成饭；有米，技艺不够同样做不好饭。

“胸藏万汇凭吞吐，笔有千钧任翕张。”（郭沫若）学好汉语绝非一日之功，必须做生活的有心人，时时留心，处处留心。

杨振宁先生有一句箴言值得记住：“我一生最重要的贡献就是帮助中国人改变了自己觉得不如人的心理。”

相信自己，永不满足，付出总有回报。热爱汉语，增强自信！

好 奇 心

好奇心，就是对自己不知道、没见过的事物怀有浓厚的兴趣，有一种探究一番的欲望。

好奇心驱动人有所发明、有所发现、有所创造。人类总希望从已知的领域向广阔的未知领域进发，好奇心越大，探求就愈有深度和广度。好奇心让人保持童真、童趣；好奇心让你平淡的生活充满快乐；好奇心亦能让你充分发挥潜力；好奇心给你带来全新的体验；好奇心让人对未来充满信心。

事物总有两面，如果掌握不好，好奇心也可以把人引向旁门左道乃至歪门邪道。和平的力量在增长，战争的力量也在增长，而推动战争的不就是对财富和奢华生活的强烈欲望吗？因此，科技在带给人福利的同时，也蕴含着破坏和毁灭的力量。没有爱，好奇的结果很难预料。

保持好奇心与回到现实并不矛盾。极端逆反的鱼，回游到雪山脚下被冻成“标本”。列宁说过，真理若向前跨进一步，哪怕一小步，就可能走向反面——错误的深渊。

好书枕头梦亦香

阅读，给人提供适合他成长的精神营养。表面看来，阅读是养眼；实质上阅读是养心。长期熏染，陶情冶性，必能变化气质。

“百世劝人以书”（唐代韩愈《了凡四训》）“世间好语书说尽”（《增广贤文》），文字不仅有温度，还有深度、广度与高度。阅读的真正目的除了传播知识，还要启迪智慧，引发人去开动脑筋，思考问题。阅读让人在现实之外拥有一个精神家园！

阅读有两种境界：第一种境界是“我注《六经》”，第二种境界是“《六经》注我”。

好书枕头梦亦香，有福人，阅读长相伴！

恒心架起“通天”路

毛泽东有一副对联说得好：

果有恒，何必三更起五更眠？

最无益，莫过一日曝十日寒！

清华大学出版社出版的《杰出青少年自我管理手册》中有这么一段话：

在这个世界上，唯有毅力是无法用任何能力取代的。

天赋无法取代它，

有天赋却失败的人比比皆是；

才能无法取代它，

有才能却失败的人时时可见；

教育无法取代它，

受教育却失败的人处处可闻；

只有毅力，是无所不能所向披靡的！

无志之人常立志，有志之人立志常，有志之人立长志。“苟日新，日日新，又日新”（儒家经典《大学》），绳锯木断，水滴石穿，这就是坚韧、坚持、坚守的力量！

界 限

居里夫人说过，科学无国界，科学家却有祖国。

国与国之间有分界线，田地与田地之间也有分界线，社会各阶级、各阶层的人与人之间，同样也有分界线。有分界是为了各自发展，彼此相安无事。海瑞为什么被罢官，因为当时的许多官僚极为腐败，不讲规矩，无法无天，官僚集团的利益范围不断膨胀，挤占了老百姓的生存空间。海瑞想限制一下无限扩展的既得利益者，让老百姓生活得好一点。他的恢复“界线”的做法以自己被孤立、被罢免而告终。

“莫伸手，伸手必被捉，党与人民在监督”，陈毅元帅的忠告许多人忘记了。一些不法分子为了一小撮人的奢侈享乐，不惜损害人民群众的利益，心存侥幸，最终难逃法律的审判。

藏富于民，让利于民。正在实施的教育、卫生和养老等福利事业实现了整个社会的全覆盖，这是让群众得到社会发展的实惠。在全民奔小康的过程中，仍有不少人害怕吃苦，追求享乐，成天以赌博为业；极少数人由于精神空虚而吸毒，伤了身体，伤了家庭。当钱花完了的时候，就去偷、去抢，严重干扰了群众的正常生活，影响社会稳定。对娱乐、休闲要加强引导，对思想有偏差的人要加强教育与改造。享受不是不要，而是应该建立在生产的基础上，要量力而行，适可而止。光消费，不生产，正如俗话所说“坐吃山也崩”！

文化的普及，义务教育的实施，不识字的文盲少了；但缺乏科学常识和不懂法律法规的科盲和法盲却并不少。没有科学的普及和法律的普及，国民素质的提高很难落到实处。

界限还是要的，没有规矩不成方圆。

精品意识

德国人最注重产品的质量，所以，德国的货物行销全球，有极强的竞争力。

在一段较短的时间里，重生产规模，重产品数量，形成价格优势，也不错。“便宜不是货”，“便宜买老马，上坡真无法”。如果要想在市场上保持长久竞争力，非重视产品质量不可。优质产品会有更多人关注，购买，使用。企业有精品意识才会注重产品的每一个环节乃至细节。

德国人格里希在担任武汉柴油机厂厂长时，对产品的光洁度有极为严格的规定，要求每一个气缸都要用磁棒去探试是否残留铁粉，每一个齿轮都要用放大镜去检查是否符合要求。一丝不苟，精益求精，产品的质量才有可靠的保证。

质量是企业的生命，出精品，才能铸就一个企业长久的辉煌。

警惕“以爱的名义”造成伤害

央视十频道主持人有一句经典的话，“每一个生命都是一个不朽的传奇”。要有爱心，但仅有爱心还不够——“爱”，还要会“爱”。

有这样一则材料：

南太平洋的小岛上，有很多绿海龟孵化小龟的沙穴。一天黄昏，一只幼龟探头探脑地爬出来。一只老鹰直冲下来要叼走它。一位好心的游客发现了它，连忙跑过去赶走了老鹰，护着小龟爬进大海。可是意想不到的事情发生了，沙穴里成群的幼龟鱼贯而出——原来，先爬出来的那幼龟是个“侦察兵”，一旦遇到危险，它便缩回去，现在它安全到达了大海，错误的信息使幼龟们争先恐后地爬到毫无遮掩的海滩。好心的游客走了，原先那只在等待时机的老鹰又飞回来了，其他老鹰也跟过来了。

同样的情形还有：猎隼和草原狼的被灭导致鼠害猖獗及草原沙漠化；澳洲绵羊曾因没有天敌而过度繁殖；剪刀破茧使蝶翅臃肿，无力飞翔……动物生存有一定法则，自然界长期以来形成了食物链和生态平衡。许多昆虫长期依靠“偏振光”来导航，即太阳光是一种平行光，昆虫与阳光保持一定的角度飞行。可是，在人造光源面前（多是射线），昆虫只好“飞蛾扑火，自取灭亡”（《梁书·到溉传》），多么无奈！

不少家长在对待孩子时，常说：“我这辈子没什么指望，现在就看你了！”这样做，从望子成龙、盼女成凤的传统来说，可以理解。但这只能说明，父母更多的是从自身角度出发，是自己的一厢情愿，把自己没有实现的愿望寄托在下一代身上；甚者，为年轻人设计人生道路，制定人生规划。其实，这样做并不妥当，没有考虑到孩子的特长与兴趣，没有顾及孩子的内心感受与需要，无形中给孩子增加了很大的压力。如果父母能够站在孩子的角度去思考一些问题，这样的“好心”才能办成“好事”。

脱离实际，缺乏调查研究，不按客观规律办事，自作聪明，就会“好心办坏事”。以爱的名义出发，结果却走向反面，变成一种伤害，非常令人遗憾和惋惜。

激情似火，理智是炉；热情如潮，理智是岸。警惕以“爱”的名义造成的伤害，值得思考；缺少理性的帮助不是真正的帮助，值得铭记。

旧　书

读书如交友，读一本旧书如对故人。俗话说“衣不如新，人不如旧”（《晏子春秋·内篇杂上》）。我喜欢新书，但也舍不得扔掉旧书，“结识新朋友，不忘老朋友”，这才是交友的正常状态。

旧书曾经也是新书，刚杀青的时候也曾经散发着油墨的味道。每一本书，都会在人面前打开一扇窗子，可以让人看到更广阔的世界。读毛主席的哲学著作，让我明白了矛盾的普遍性与特殊性，懂得了实践和社会调查与研究的重要；读柏杨《丑陋的中国人》仿佛面对一面巨大的镜子，可以看到自己并不知觉的陋习；读余世维的《有效沟通》，才知人的交往能力真的是可以“学而知之”；读曾仕强的《易经的智慧》了解到祖先们看问题多么全面深刻，原来形而上的“道”与形而下的“器”是相辅相成、相得益彰的；读南怀瑾的《论语别裁》发现自己对中国传统文化的理解真的太肤浅。读书须要一种“静气”，一种“大气”——悲欢聚散一杯酒，南北东西万里程。

说点与自己“有关”的吧，同窗好友缪偲中学时读书页发黄的《东周列国志》，如今已成为大学历史系教授；田野一天到晚收听香港的股市行情，什么牛市、熊市，什么涨、跌，什么清仓、平仓，听得我云里雾里，可他自己在二十多年后已修炼成一个直辖市的县级税务局局长。更令人称道的是，缪偲原来那本《东周列国志》早已陈旧得不能再翻却依然舍不得丢掉，田野搬家时宁可丢一两件家具也不愿丢一份财经类报纸。可见，旧书太有魔力，对旧书的痴迷竟可以决定一个人一生的走向，太不可思议……

旧书不同于古书，旧书不一定是老书。“旧书不厌百回读，熟读深思子自知”（苏轼《送安敦秀才失解西归》），此乃大文豪苏东坡学士的经验之谈。孔夫子读《易经》至韦编三绝。韦编，即用熟牛皮做的索子。那牛皮索都翻烂了，想见那书也够旧的了，可他又说到“五十岁”时方可读《易》，人生的阅历不够，到49岁时读还是不行，非得到五十岁不可。“读书百遍，其义自见。”（西晋陈寿《三国志·魏志·董遇传》）用功固然必不可少，但选择也许比努力更重要。读一本不适宜的书，比不读还要坏。选择不当，犹如“南辕北辙”，再用功也是白费力。

有的旧书并不吸引人，读者看到它，其感受也许是“想说爱你不容易”；有的旧书特有吸引力，看到它，你也许恨不得“一次爱个够”；有些旧书，虽然早已不属于你，但你还常常说：“不在乎曾经拥有，只在乎天长地久。”

哎，旧书，一言难尽！

良言一句三冬暖

俗话说：“一言兴邦，一言丧邦。”虽然有点夸张，但也说明语言表达相当重要。

曾任美国国务卿的鲍威尔说过一段意味深长的话：“急事慢慢地说，大事想清楚再说，小事幽默地说，没把握的事小心地说，做不到的事不乱说，伤害人的事坚决不说，没有发生的事不要胡说，别人的事情谨慎地说，自己的事想怎么说就怎么说，现在的事做了再说，未来的事未来再说。”这段话启示我们，要说有分量的话，要有分量地说话，有几分证据说几分话。对待子虚乌有的事，决不能捕风捉影，造谣生事。对谣言的态度应该是不造谣、不信谣、不传谣。

言为心声，说话艺术的背后是思维与逻辑的支撑。《快嘴李翠莲》中的李翠莲可谓伶牙俐齿，但最后把所有人都得罪了，几乎是山穷水尽，走投无路。什么原因？因为她是用“嘴”说话，不是用“心”说话。用心说话，才能说到听者心坎上去。

现代社会，分工越来越细，每个人能做到的事其实很有限。每个人必须与他人保持沟通、协调与合作，于是，语言交流就显得相当重要。

“凡事好商量”，讨论就是为了减少分歧。商议时必须每个人都要作出让步，大家都忍一忍，彼此才能以礼相待，坦诚相见。集思广益，众志成城，才能又好又快地完成任务。

如果每个人能服从大局，改掉先入为主、自以为是的毛病，改变以自我为中心的立场，能出以公心，站在公正的立场上说话，那么事业就会多一分成功的把握。

论 智 慧

列夫·托尔斯泰有一句名言：“没有智慧的头脑，就像没有蜡烛的灯笼。”

智慧是谋略的前提。邓拓论述“智”与“谋”的关系极为精当：“智是谋之本，有智才有谋，所以智比谋更重要。”没有足够的智慧，无论是“阳谋”与“阴谋”都无法施展。克雷洛夫提醒人们：“没有智慧的蛮力是没有什么价值的。”这已被无数事实所证明。真正的聪明人常常会感到自己智力不够用，与许多聪明人相比，时时会觉得自己不那么聪明。大智若愚，能隐藏自己聪明才智的人往往是极聪明的。小聪明靠不住，弄不好是搬起石头砸自己的脚。一个人在面临一件大事、处理一件难事时，事先的预见基本符合事实，他一定是个智者。“看破忍不过，不是真看破”，感情冲决了理智的堤岸，往往容易滑向罪恶的深渊。

智者的眼光不同寻常。“愚者暗于成事，智者见于未萌”（先秦佚名），高瞻远瞩，才能审时度势，充分准备，从容应对。“奸计虽然狡，无如智慧高。漫言鸠善夺，已被鹊移巢。”（清代长篇小说《好逑传》）可知邪不压正。

有智慧的人对于他所碰到的人和事一定有自己的观察与思考，他会提出自己的怀疑，他会冷静地去分析轻重缓急，权衡利弊得失。服从理智比服从权威更可靠，更幸福。不能怀疑一切，该服从时一定服从，该相信的一定相信。

“拙计似推磨，慧心如定盘。”（清代长篇小说《好逑传》）成功的人，头脑并不一定最聪明，但做事一定最尽心尽力。

“蠢顽皆事后，灵慧独机先。有智何妨女，多才不论年。”（清代长篇小说《好逑传》）

慢慢走，悠着点

人生一路有看不够的风景。一年画成的画儿，一天可以卖掉；相反，一天画成的画儿，一年也未必能卖掉。慢工出细活。北京同仁堂的中药从选料到加工，每一个环节都不含糊，才造就了不倒的金字招牌。自行车的链条，上面一半绷得紧紧的，下面一半却是松松的，如果都紧的话，就无法正常运转。

“书痴者书必工，艺痴者艺必良”（蒲松龄《聊斋志异·阿宝》），求知学艺，讲究的是术业有专攻；跳高、跳远要出成绩必须有适当的助跑距离。千篇一律的整齐未必就能创造出高效率。“和而不同”是达到整体最佳的有效途径。学习与工作固然少不了勤奋用功，但更重要的是要长计划，短安排，不打乱仗。想好再去做，事半而功倍。

有一位老人曾说过，什么亏不亏的，若健康地多活几年，你所失去的不就全部赚回来了。毛主席指挥打仗，曾主动放弃延安；与日本人作战，也是避开正面，深入敌后，从不计较一城一地之得失，而是力求把损失降至最低。保存实力打持久战，这是《孙子兵法》上都找不到的战法。

兵无常势，水无常形，因地制宜，因势利导，以变应变，走过人生的春夏秋冬。

没有电的日子多么难过

电力发明之前，人们的日子就像老牛拉破车，慢腾腾地过。有了电之后，人们对它的需要就像水一样，再也离不开了。

没有电，无法抽水，楼房没法住，银行里取不出钱，汽车也加不了油，液化气站也无法灌气，电饭煲也无法使用，邮局中无法汇款与存钱，医院重危的病人无法做手术，电脑无法开启，电视也看不到，手机因无法充电只好停止使用。晚上由于无电灯照明，只好点蜡烛或是在黑暗中聊天。科技虽然有进步，但电力储存仍然是个世界性难题，没有突破。一旦长时间停电，许多工厂由于无法按时交货，只好倒闭关门。停电造成的损失无法估量。

迄今为止，没有哪一项发明能与电的发明相提并论，有这么普及的应用。百姓对它的依赖程度非常高。

电的发明是人类最伟大的发明。它缩小了城乡差别，有助于消除贫困，构建和谐的人际关系。

停电，一切都会乱了套，才知有电的日子多么快乐，真是“不上高山，不显平地”（谚语）。

那山真比这山高

孔子曰：“三人行，必有我师焉。”俗话说“活到老，学到老，还有许多不知道”。与所有人交往都是学习。没有谦虚的态度，没有小学生的虔诚，学不到别人的真知识、真本领。

一次在北京开会，与一位新疆来的老师同住一个房间，他向我询问了许多关于教学的情况，我都耐心地作出了答复。我问他最成功的经验是什么，他说是办报纸——办班报。我认定这是一个不错的办法，于是就在我自己的班上试行。我给每个学生提供了一个可以“发表”作品的机会；提供一个可以表现自己、调节情绪、倾诉心声的园地，效果真的不错。

我所做的其实极简单，每天就发一张白纸，收获的却是学生的“得意”之作。毛泽东主席说过：“一张白纸，没有负担，好写最新最美的文字，好画最新最美的图画。”留出空间，留出创意，给学生一个施展写作与绘画本领的平台。一次意外的相逢，一条可贵的经验，真是意想不到的收获。

坐井观天靠不住，那山真比这山高！

启　　示

“人法地，地法天，天法道，道法自然。”（老子《道德经》）大自然以其神奇的造化给人以无限的启迪。它是人类的家园，曾经一次又一次地抚平游子心中的创伤。

“大梦谁先觉?”“春来草自生”，不管人类怎样像一个调皮的孩子般闹腾，它都以其不变的节奏让人从狂躁中冷静下来，做一些建设性的工作。

人类总是那么熙熙攘攘，忙忙碌碌。自然却暗示“万事皆从忙里错，一心须向静中安”（宋代戴复古《处世》）。诸葛亮的《诫子书》中不仅强调“淡泊明志”，更教人“宁静致远”。做学问、做大事一定要沉得住气，“每临大事有静气，不信今时无古贤!”（清代翁同龢）沉不住气的人容易气急败坏，忙中出错。

任何时候都不要对生活失去信心。要相信：芳草春回依旧绿，梅花时到自然香!

谦 逊

“世界上最宽阔的是海洋，比海洋更宽阔的是天空，比天空更宽阔的是人的心灵。”雨果的名言启示我们，人与人的差别，不在肤色、身高、长相与胖瘦，而在于心灵，在于眼光。

泰山不拒细壤，故能成其高；江海不择细流，故能就其深。著名画家徐悲鸿说过，人不可有傲气，但不可无傲骨。“格超梅以上，品在竹之间。”（清代篆刻家、书画家黄易）这是艺术家对德艺双馨的不懈追求。毛泽东主席曾经教导：“虚心使人进步，骄傲使人落后。”

“虚心竹有低头叶，傲骨梅无仰面花”（郑板桥），任何时候，都不应该骄傲自满，要始终保持一种谦逊的态度。

山花红紫树高低

匈牙利诗人裴多菲有诗曰：“生命诚可贵，爱情价更高；若为自由故，二者皆可抛。”

“不自由，毋宁死”（美国人帕特里克·亨利），可见，自由多么可贵，多么重要！

马克思说：“自由就是从事一切对别人没有害处的活动的权利。每个人所能进行的对别人没有害处的活动的界限是由法律规定的。正像地界是由地标确定的一样。”可见自由并不是任性，更不是放纵和放肆，而是干法律允许干的事情。

康德说：“自由这个概念与自律这个概念是分不开的。”自由是相对的，庄子认为大鹏鸟看起来很自由，但没有风也飞不上天；鱼儿在水中是自由的，但再怎么游也不能游到岸上去。

自由并不是想怎么说就怎么说，也不是想怎么干就怎么干。自由主要是精神自由，包括想象力和创造力的自由；而独立又主要是指人格的独立。

还是马克思说得对，“人并不是抽象地栖息在世界以外的东西，人就是人的世界，就是国家、社会”。因此，人必须受法纪的限制。

山自青青水自流

中国古代大乱之后要休养生息，必重道家文化，主张顺应自然。于是，百废俱兴就成为自然而然的事。

“野火烧不尽，春风吹又生。”（唐代诗人白居易《赋得古原草送别》）生命力顽强的岂止是野草？发展生产，改善生活，对快乐与幸福的美好追求，任何力量也挡不住。

“万事不过一理通”，发现规律、认识规律、尊重规律、运用规律，做事符合逻辑，结局就是顺理成章的事。事物的发展有一个过程，瓜熟蒂落，水到渠成，顺顺当当，自自然然。

亩产万斤的教训，思想有多远就能走多远的夸饰，曾经的灾难和痛苦，千万不可淡忘。

一项政策只有上合天意、下顺民意才能造福苍生。法律、法规也只有代表人民意志的时候才会被广泛遵守。普及科学、普及法律是一项长期的工作。

欲速则不达，功到自然成。

诗意地生活

有了诗意，平淡的生活才更有价值、更有意义。

苏东坡被贬黄州仍能寄情山水，“惟江上之清风，与山间之明月，耳得之而为声，目遇之而成色，取之无禁，用之不竭”，再贬到岭南仍“日啖荔枝三百颗，不辞长作岭南人”。由于能很好地调节自己，“不以物喜，不以己悲”，苏东坡成就斐然，万世景仰。

巴金说过：“人不是单靠吃米活着。”人应该有一种崇高的精神追求，有一个丰富的精神世界，脚踏实地，仰望星空。

“夕阳芳草寻常物，解用都为绝妙词”（清代袁枚《遣兴》），能不以物喜，不以己悲，方能享受生活中的点点滴滴。

水色山光皆画本，花香鸟语总诗情。

世界因你更美好

每个人犹如大海中的一滴水，虽然力量微薄，但如果能滋润一粒种子，也能为世界作出一份贡献。

鱼帮鱼，水帮水。人字的两笔互相支撑着；也可以说一笔代表形体，一笔代表精神。

马克思说，人并不是单个的抽象的存在物，在其本质上，是一切社会关系的总和。

浪花淘尽英雄也好，淘尽平凡也罢。只要有人因你的付出而快乐、而幸福，只要你有能力帮到他人，只要你愿意真情付出，你的生命就有了不同寻常的价值与意义。

破坏带来的快感只是一时。如果一个人良知未泯，良心发现自己原来做错了，他会痛苦一辈子。大破坏会带来大倒退、大痛苦。

建设是一项长期的工作，需要一点一滴地去积蓄力量，去改进完善。虽然劳累、辛苦，但带给他人的快乐是长久的，自己也有一种成就感、自豪感。

站在前人的肩膀上，多做建设性工作，世界会因你的付出而变得更加美好！

天不生无路之人

“天不生无路之人，地不长无根之草。”一根草总有露水养。

发明家爱迪生说：“自信是成功的第一秘诀。”毛泽东青年时代就立下雄心壮志：“自信人生二百年，会当水击三千里。”

“愚者千虑，必有一得。”（司马迁《史记·淮阴侯列传》）每个人都有属于自己的机会，就看你有没有学问与本领，是否时刻准备着。

没有飞鸟的天空是多么无聊，没有森林的山头是多么难看，没有鱼儿的河流多么寂寞。人类能上天入地，为什么心中容不下这些邻居？

既然每个人都是独一无二的，为什么要放弃自己的优势与特长，去模仿他人呢？“做最好的自己”，放弃一些阻止你前进的羁绊，才能平稳、安全地把自己想做的事做到极致。

高尔基说过：“当大自然剥夺了人类用四肢爬行的能力时，又给了他一根拐杖，这就是理想。”总有一条路适合你。找到人生坐标的准确定位，你生命的价值也许如天地间的七色彩虹般绚丽、灿烂。

天不下雨，天上有太阳

自我记事以来，今年（2011 年）干旱最严重。村子里的小河断流，家门口的池塘裂开寸宽的口子，鱼虾河蚌等水生一族统统死光，生命力极强的水葫芦草晒成紫菜一般颜色，一把火可以点着。父辈们为了下种育秧闹翻了脸，日日夜夜为水揪心，在村组干部调解之下达成轮流放水协议。以十二小时为单位，先远后近，父辈们引山泉水灌溉秧苗，确保稻种能发芽，秧苗不致干涸而死。

什么原因弄得老天爷不下雨了呢？根本原因是大量树木被乱砍滥伐，山光秃秃的，许多山头只长芭茅，一棵树也没有。祖辈们说从前的树林可以藏住牛，躲住狼和狐狸。现在一旦发生火灾，满山的芭茅烧个精光，连野兔也无处躲。路边、田埂上，沟沟堑堑，那些东倒西歪叫得出名、叫不出名的大树，不到五十年都从地面消失了。森林是天然的水库，没有树，一下雨，山洪暴发；雨一停，河沟就没有水。年轻人外出打工，村里只剩老人和孩子，水利工程老化和年久失修，也屯不住水。

毛泽东主席说过，水利是农业的命脉。现在，如果还不改善环境，不保护水利设施，那“靠天吃饭”的农业恐怕真的有危机了。

我们这个山区县最近几年变化极大。有五分之一的人口集中在县城，各乡镇人口有一半集中在公路与河流旁边。许多平坦的耕地都被“开发”掉或是批给百姓盖楼房。山头地区的农田由于人口少，分布广，落差大，无法使用机械，荒芜了一大半，少量的人仍在耕种小块的田地，却又被野猪糟蹋得几乎颗粒无收。

农村种田人一般在五十岁以上。年轻人都在城里打工，只有农忙或过春节时，农村的年轻人才多一点。三十岁左右的年轻人即使不去打工也不会在家里种田种地，这些人大多是从学校毕业后直接进工厂，从未亲自独立地种过田地。让他们搞农业，他们还真的无从下手。农村的人才都流到城里去了，很少有人回到农村。学农的人也愿意待在公司和机关里。下派村官，干够三五年还得调走。农业不是一般的缺人才，而是特别缺人才。如何让人才扎根农村，投身农业，还真的是个问题。

没人种田，我们吃什么?

天时·地利·人和

天、地、人合称“三才”。孟子以为作战“天时不如地利，地利不如人和”。诸葛亮征战一生，认为制胜的万全之策是三者都具备：“因天之时，就地之势，依人之利，则所向者无敌，所击者万全矣。”

成功的道路只有一条，那就是顺天时，因地利，得人和。失败的道路却有千万条。所以天下事易败而难成，正如时机易失而难得。逆天时，轻地利，缺人和，逆水行舟，逆风飞扬，思想必定压力大，肉体可能更痛苦。过度狂热和极端软弱都无济于事。征求意见尽可能广泛，作出结论要明决果断。

没有条件，创造条件；没有时机，等待时机。说老实话，办老实事，做老实人。行动有力，措施得力，不放弃努力。因风吹火，用力不多；顺势而动，事半功倍。

节奏不可乱。游泳、赛马、跨栏等许多体育比赛都有其内在的节奏。节奏合理，成绩斐然；杂乱无章，必然失败。消极被动，疲于应付，未有不败；合理安排，积极有为，成功在望。

遵规守纪，不违本性，不昧良知，忧人之忧，乐人之乐，必定得大快乐，大自在。

团队与团伙

团伙是因利益而结成的联盟，有利则聚，无利则散。

团队是为了共同的理想而团结在一起，凡事讲规则，不排斥利益，但更重理想，更讲规矩。

团伙的命运大多不好，要么解散，要么覆灭，因为他们干的多是见不得人的勾当，得罪的是大多数，得利的只那么一小撮。这也印证了古语所说的“多行不义必自毙”。夜路走多了，失足是必然的。

团队也可能会遇到风雨雷电，也不是铁板一块，但正义在胸，必然底气十足。马克思主义传到中国之初，李大钊曾预言：“试看将来的寰球，必是赤旗的世界。”得道多助，失道寡助，历史一次又一次地作过证明。

要团结，不要勾结。对团队精神，要学习，要发扬；而对团伙则应保持警惕，保持距离。

团伙大多是好逸恶劳，不守纪、不守法，干的是一些破坏性的见不得阳光的事，所以人见人恶。团队倡导诚实劳动，守法经营，鼓励建设与创造，所以受人欢迎，受人尊敬。

稳中求胜

毛泽东主席曾经教导：“不打无把握之仗，不打无准备之仗。”对于战争的态度是八个字“好战必亡，忘战必危”。

“礼义廉耻，国之四维；四维不张，国乃灭亡。”（《管子·牧民》）如果无“礼”、无“义”、无“廉”，国家都很危险；如果到了无“耻”的地步，国家就有可能被灭掉，且没有恢复的机会。历史上许多强大的帝国是怎么灭亡的？无止境的享乐，甚至胡作非为。无法无天，恰似火把烧天，“天”毫发无损，“火把”自己却自取灭亡。

“无欲则刚”（《论语·公冶长》），无欲并不是没有追求，而是无个人私欲，办事能出以公心，能公平公正地对待弱势群体。

有合格的建设者和接班人，各项事业才能实现可持续发展。我们希望后代人有什么样的未来，我们必须给予他们相应的教育。

既然世上没有白吃的午餐，天上也不会掉馅饼，那我们为什么不各司其职，各负其责，稳中求胜呢？

蜗牛背着重重的壳

据说，除了人之外，能到达金字塔顶端的只有雄鹰与蜗牛。雄鹰是飞上去的，蜗牛是背着重重的壳一步一步地爬上去的。蜗牛能爬上去，那个壳也帮了它的忙，使它不至于被风吹掉。

毛泽东在《反对自由主义》中批评道，有一种人，得过且过，敷衍了事，对工作极不负责任，做一天和尚撞一天钟。时至今日，许多人连这种“撞一天钟”都做不到，要么上班也在混日子，要么干脆是经常不在岗位，要找他办件事情很难找到人。

歌德说：“责任就是对自己要求去做的事情有一种爱。”如果对人民群众没有感情，就很难产生强烈的责任感和使命感。

生产是一个社会发展的基础，社会随时都要消费，生产也就一刻也不能停止。“一日不再食则饥，终岁不制衣则寒”（西汉晁错《汉书・食货志》），对人的尊重除了尊重人格，还要尊重劳动。劳动创造着世界，推动着社会进步，无论是物质劳动还是精神生产，只要对社会发展有益，都值得尊重。

每个人都有责任，大的责任是对社会和国家作贡献，小的责任是为亲人与朋友谋福利。

弗洛姆说责任就是“对我们所关心的事情作出反应”。缺乏考核与监督，单靠人的自觉恐怕不够，必须奖优罚劣、“包干”到底。有制度保障，每个人才有压力与动力，才会各负其责，各尽其能，去努力创造高质量与高效率。

细雨湿衣看不见

平淡的生活，如水的日子，容易消磨激情，丧失斗志。

许多看不见、摸不着的不良习气在影响着我们，在牵扯着我们前进的脚步。寂寞的日子里，如果甘于平庸，不思进取，也许“说不行，就不行，真的不行”。面对平凡，需要忍耐，需要执著，需要坚守，多一些实实在在的奉献，少一点热热闹闹的喧嚣，有一种超然的心态，才会从繁琐的事务中解脱出来，有所作为。

也许生活给予你的舞台并不大，但并不妨碍你舞出人生的精彩。面对简陋，别人不堪其忧，颜回却能“不改其乐”。认准了自身价值，找准了人生方向，能合理地定位自己，有自己的精神家园，能坚守自己的职责与岗位，别人怎么想，外界怎么看，也许真的并不那么重要。真情付出，一定会有爱的回报。

作家于卓说得好：“心态决定生活品质，也影响人生质量，打磨出一种健康进取、严谨而不失宽容的现代人心态，对工作学习，对家庭生活，为人处世都是有益的。”想有好的人生品位，先要有好的心态。

闲花落地听无声

这是一个追求快节奏的时代，快餐、文摘和各种一次性消费大行其道。不少人心中除了金钱和物欲，很难再装下别的东西。写过几首诗、几篇小文的人都敢出书，这已不算什么稀奇；明明看到了苦难和麻烦，因为不是发生在自己的身上，所以视而不见，听而不闻。如果不正常的事情被视为“正常”，那么真正的正常肯定就被当作不正常。

心的天平如果发生倾斜，视线必然会发生偏移。“他人有心，予忖度之。”（《诗·小雅·巧言》）能以同理心去换位思考，就不会轻易伤害他人。在加快的步伐中，多少美好的东西被践踏掉，还真是个未知数。

在心中给弱者留出一个位置，为他们的生存困惑做一点实实在在、力所能及的事；既能减少自己内心的冲突，也能减轻他人的负担与痛苦。

以平和的心态对待生活中的麻烦事，为降低社会风险担一点责任，受益者一定会从内心深处感激你。

“眼观六路，耳听八方”（清代李绿园《歧路灯》），不是眼看、耳听，是心在看、心在听。

想听什么话?

有这么一则短信，题目叫《各种话……》:

想听假话，看报告；想听大话，看吹牛；想听空话，去开会；想听醉话，去喝酒；想听好话，去恋爱；想听实话，去结婚；想听真话，看短信呀!

“中国人有中国人的心态，中国人有中国人的耳朵”（中国当代诗人流沙河《就是那一只蟋蟀》），听话犹如收音机和电视机收节目，应该有选择，听自己想听的。不想听的，坚决不听。

“十年浩劫”，文化沦落，人人自危，彼此提防，谁也不信任：“一个人说真话，两个人说假话，三个人说鬼话。”

老年人要宽容、平和：“多栽花，少栽刺。”“当道莫栽荆棘刺，他年免挂子孙衣。”（俗语）

“良药苦口利于病，忠言逆耳利于行。”（《孔子家语・六本》）干实事，做大事，一定要听得进逆耳真话。心里话，只有用心去听，才听得进、记得住。

对“聋子”来说，什么话都是废话!

向 上 走

动物一生下来就基本上能适应环境。人独立生存一般要到 20 岁以后，人到底有什么样的作为，与他生活的时代相关，也与他所受到的教育分不开。

相同环境中长大的人，受到的教育不一样，长大以后千差万别。人有可塑性，所以值得培养。

美国哲学家杜威说过："一个人能利用别人的经验，以弥补个人直接经验的狭隘性，这是教育的一个必要组成部分。"

"玉不琢，不成器；人不学，不知义。"（《三字经》）学习能改变认识，提高觉悟，开阔眼界，增长见识，丰富人的精神世界，从而改变气质，改变命运。

懂得道理，就会保持一种自我克制，尊重他人，尊重劳动。不怕笨，只怕不认真；不怕聪明，就怕骄傲。真正的聪明人一点就通；真正的笨人，完成任务不折不扣。不笨也不聪明，却自以为聪明，既缺乏主见，又听不进忠告；高不成，低不就。这样的人容易"悬"着，上不巴天，下不着地。人可以上不巴天，但决不能脚不沾地。

建筑要牢固，基础最重要；树木要参天，根要扎得深。学习过程其实就是形成两个习惯，良好的生活习惯和学习习惯。当学习成为一种习惯，达到高度自觉，其效果也就相当明显。

曾国藩第一次到京城应考，并没有得到理想的结果。回到家乡后闭门苦读一两年，真正是脱胎换骨，令人刮目相看。可以说，没有首次考试的失利，没有京城之行认识到"天外有天"，他不会那么发奋用功。

人会不断调整自己，主动适应环境。周恩来总理与朱德元帅小时候家里都很贫穷，为了生计，为了求知，吃了数不清的苦；但他们有一点是共同的，心存社稷，感念苍生，造福社会的雄心壮志一刻也没有改变。

没有超常的付出，不可能有丰厚的回报。相信自己，付诸努力，发挥优势，“能进一寸进一寸，得进一尺进一尺，不断积累，飞跃必来，突破随之”(华罗庚)。

小小乒乓不简单

打乒乓球是一项体育活动，也是一项智力活动。发球要控制球的旋转和高度，接球与击球要注意路线，要控制落点。真正的高手较量，拼的是技巧，拼的是智力，拼的是意志，拼的是心智。在面对一个实力相当或略高于自己的对手时，如果把握不好，容易被对方牵着鼻子走；中了圈套之后，对方的优势可以发挥得淋漓尽致，己方就会陷入被动，疲于应付。如果用脑子打球的话，就一定要坚持自己的打法。“你有你的打法，我有我的打法”，这也许是中国乒乓球运动英才辈出、长盛不衰的原因吧！

一项运动要出高水平运动员，必须有一定的普及度才行。中国打乒乓球的人很多，挑选人才的余地也大。目前还没有哪一项运动像乒乓球这样参与人员广、关注人员多，称乒乓球为中国的国球也并不过分。也没有哪一项体育运动能像乒乓球那样拿过那么多的世界冠军与奖牌。

乒乓球运动，中国人的骄傲！

心随"我"动

"跳舞的时候我便跳舞，睡觉的时候我就睡觉。"法国作家蒙田如是说。话语普通，道理浅显，做到却不容易。

祖先们"睡不言，食不语"的训诫，大概是为了保证身体健康吧!

关公有"身在曹营心在汉"的不凡经历。蜀后主刘禅以"乐不思蜀"应对司马氏保住了性命。李煜沦为阶下囚叹"春花秋月何时了"被宋太祖赐药自杀，命丧黄泉。身心合一，人才有"安全"可言。"身"在何处，"心"也在何处，这叫做"现场感"，这样办事更有效率。

《增广贤文》上说，"当饮酒时即饮酒，得高歌处且高歌"，这是劝人要入乡随俗，不要表现得与众不同。

人与人之间最美的状态是保持恰当的距离。在谈到处理人际关系时，周国平先生说道："尊重他人，亲疏随缘。"说来容易做到难。

明确个人的定位（方位、地位、职位），可以更好地履行自己的职责。孙中山先生劝人要立志做大事，不要做大官。人人都可以做事，做不了大事做小事，决不能让一日空虚地度过。

"不在其位，不谋其政。"（《论语·泰伯》）但"位"不是凭空产生，有"为"才能有"位"，有"位"才能更好地有"为"。"作为"，应该是积极主动地多做好事，多给别人带来快乐，多帮别人消除痛苦。"不作为""乱作为"乃至无法无天的"胡作非为"，伤害了别人，最终也伤害到自己。

"生年不满百，常怀千岁忧"（《古诗十九首·生年不满百》），虽然说"人生识字忧患始"（苏轼《石苍舒醉墨堂》），但人有几十年好活，不妨在利他的同时，也能尽量地按照自己的意愿活着。这，不也是一件惬意的事吗？

心中的坚强

一个人怎样安身立命？孔夫子主张“克己”，提高内在修养，铸就高尚人格；荀子主张“安分”，基于物质条件不可能满足人们的需求。心安则身安，“心安茅屋稳，性定菜根香；世事静方见，人情淡始长”（明代洪应明《菜根谭》）。一个人内心坚定，无论外界条件多么恶劣，都不会对生活丧失信心。

十七届六中全会决定中指出：“文化是民族的血脉，是人民的精神家园。”又指出：“源远流长、博大精深的中华文化，为中华民族发展壮大提供了强大精神力量。”

人的心灵离不开文化的滋养。传承历史，不能陶醉于历史，要思考当代人应该承担什么样的责任。文化产品中的优秀作品、文艺精品仍然数量不足。“我劝天公重抖擞，不拘一格降人才”，龚自珍的呼吁言犹在耳。要进行创造性工作，少不了建设性，也不能没有批判性。

每个人对待文化都要有一种自觉性和自发性，不能坐等别人来催促和推动。人民群众有无穷的智慧和创造力。李白、司马迁、曹雪芹当年在进行艺术创造时并没有谁认可，由于有了伟大的作品，所以成了伟大人物。不可患得患失地去计较当时、当代的认可，要真正加强修养，提高认识，贴近人民，贴近生活，扎实工作，充分发挥主动性、积极性和创造性。

文化建设是所有人的责任，所有人都应该关心、支持。全民参与，责任共担。只有每一个有良知的中国人都勇于担责而不去推卸责任，文化的发展才有希望。

困难、磨难、痛苦都无法阻止人思考与创作。优秀的文艺作品，必然要表现人性，歌颂真、善、美，表现全人类的共同追求。好作品要代表广大人民群众的呼声与心声，决不能（也不会）只代表“小众”的利益。

在经济全球化的今天，如何传承固有的中华文明，吸收国际文明成果，迫在眉睫，任重道远。

星星还是那颗星星

康德说过，“世界上有两件东西能够深深地震撼人们的心灵，一件是我们心中崇高的道德准则，另一件是我们头顶上灿烂的星空”。

有闲心能抬头看一看头顶的星空，似乎已经成为一种奢望。也许人类只有童年时代对星空才真正亲近。夏日夜晚，躺在院子里的竹床上仰望星空，听长辈们讲牛郎织女的故事，那是一种多么美妙的享受。在人造光源充斥夜空的时代，人们的眼光多半是俯视，无心也无暇或无法抬头看天。

“未晚先投宿，鸡鸣早看天”的古训早已过时，取而代之的是电话预约或是网上订票、订旅馆；是从手机和电视里看天气预报。既然看不到远处的星星，大家就去造“星”，追“星”，于是各种“作秀”的节目，收视率节节攀升。

星星还是那颗星星，月亮已不是那个月亮。这样的故事天天在上演，花样翻新，令人应接不暇。

星星的位置在哪里？也许天知道。

幸福有度

19 世纪英国著名的哲学家、教育家斯宾塞说过：“教育的最终目的就是要教会学生适应环境的能力”，人若从明亮的地方走到暗处，有那么一会儿什么也看不到，然后渐渐地能看清一些近处的事物，时间稍长也能看得到远处的东西，这叫“暗适应”。相反，从黑暗走向光明时，视力的调整过程叫“明适应”。

当环境突然发生巨变时，人们的心理调适有一个“焦虑度”，也就是不适应，如果是太不适应（巨大的反差），就会让人精神崩溃。所以，如果能真正做到“不以物喜，不以己悲”，那么在命运大转折时就能顺利地适应环境的变化。俗话说“乐极生悲”，“极”，就是过头了，过分了。“过犹不及”，度没有把握好，容易出问题。

生活中这样的例子不少。“叶公好龙”，家喻户晓；“周瑜气死”，众所周知。现实中不少人由于打麻将手气一直不佳，突然来了个“大和”而瘫倒；个别人买彩票中了“五百万”，因兴奋过度而突发脑溢血身亡。

“乍富不离原气象，骤贫难改旧家风”（《增广贤文》），“穷”日子（特别是“富”日子）过惯了，一旦出现大转变，就会无所适从。但坏事可以变好事，如果意识到生活应该张弛有度，那么就会不骄不馁，无福会造福；有福能享福。

人能顺应变化，科学调适自己，才能过健康的生活。

学会妥协

做事浮躁的表现是缺少耐心，不讲质量，一味求快。遇到问题，碰到阻力，盲目自信，自以为越强硬越好。其实，对抗的结果无非是两败俱伤。

历史上善于妥协的典型人物是蔺相如，“将相和”的故事被改编成戏曲，搬上舞台，广为传布，家喻户晓。

“小不忍则乱大谋。”(《论语·卫灵公》)“忍得一时之气，免得百日之忧。”(《增广贤文》)“退一步海阔天空，让三分心平气和。”这些俗语、谚语都告诉人们为了实现大目标，必然要放弃眼前的一些小利益。决不能死缠烂打，或计较于眼前的目标而不能自拔。要像下棋一样，不仅走好这一步，还要谋划好下一步。

妥协应是一种主动的收缩和避让，目的是为长远发展创造条件、争取时间。

妥协的前提是不放弃核心利益。妥协还得有实力作后盾。妥协并非不讲原则，而是灵活地坚持原则。不断积累核心竞争力，争取用和平发展的方式来化解矛盾与冲突。

“刻舟求剑”“胶柱鼓瑟”，不知变通的处事方式，我们的祖先历来不赞成。

学与做

工作是必须要完成的任务，限时限量，不可拖延，不能还价，不可借故推诿。工作有规程，不乐意也不得不照章办理。

工作有两种极端。拖拖拉拉，敷衍了事，走过场的应付哪有效率可言？“工作狂”则是用力（用心）过度，浪费了精力与时间。适宜的状态是跟上趟儿，不掉队，不超越，能始能终保持中等偏上水平。

学习有专门与业余之分。专门学习主要是指学校的全日制学习。业余状态困难更多，边工作边学习，压力更大，而学习计划又常常被各种工作打乱。时间不够用，只能化整为零，见缝插针。从学习中找到充实感、快乐感，才能养成习惯，坚持下去。

善于学习者永不满足，永不厌倦；会工作的人不是做的事越多越好，而是在他人心中播下了多少求知的种子，激发和鼓励了多少人。

学着做，做中学，愉悦自在其中！

一个中心

一个圆只有一个中心，“多中心等于无中心”。在一段时间内，做任何事情，只能有一个中心，也只有这样，才有效率可言。

耳不能两听而聪，目不能两视而明。假使一人同时追两只兔子，也许一只也得不到。君不见，许多人边嗑瓜子、边听音乐边看书，或是一次翻开几本书叠放在一起，或是一边看电视一边在写着什么。表面看，一心多用，究其实，浪费了许多时光。

一事当前，要有放大镜的聚焦效应，抓住一个中心，专心致志，聚精会神地把手头的事先做好再说。乐观者不思过去，豁达者不想未来，聪明人把握当下。纵有三百六十五件事，我只想做好眼前事。做一件事就把它做实、做好、做到位（合乎要求、合乎标准）。

完成一事，中心迅速转移，另起炉灶另开张。重点突出，目标明确，动力更足，进度更快。

俗话说，路多踩不死草。《尚书·大禹谟》崇尚中庸之道：“惟精惟一，允执厥中。”了得一，万事毕，一次只做一件事才可以抓住中心。

一刻钟的拜访

每个人都很忙，如果非要拜访他人不可，请控制在十五分钟之内。

要养成守时的好习惯，有一个时间限度，谈话就不会东扯西拉。

鲁迅先生把喝咖啡的时间都用在写作上，并认为无端空耗别人的时间，无异于谋财害命。

读书一定要趁年少，“时过然后学，则勤苦而难成”（《礼记·学记》）。

一生几十年似乎很长，实则很短。正如庄子所叹：“人生天地之间，若白驹之过隙，忽然而已。”泰戈尔说：“生命只是荷叶上的一颗露珠。”

德国作家布莱希特在《伽利略传》中说：“真理是时间的孩子，而不是权威的孩子。”为了追求真理，一定要珍惜时光。

席慕容说：“生命是一条奔流不息的河，我们都是那个过河人。”尽管如此，还是要抓紧时间，走好属于自己的生命历程……

真正的“好人”

《论语·子路篇》有如下文字：

子贡问曰：“乡人皆好之，何如？”子曰：“未可也。”“乡人皆恶之，何如？”子曰：“未可也。不如乡人之善者好之，其不善者恶之。”

在孔夫子看来，如果乡里所有人都说你好，连坏人都说你好，那你就是伪善者，大滑头，一定有其虚伪的一面。只有好人说你好，坏人说你不好，你才是真正的君子。

真正的好人要做的是一般人做不到（好）的事。无福，会造；有福，会享。有路大家走，不做环境的奴隶，无路找出路，努力寻求突破，保持优良品质，保持学习姿态，相信群众，依靠群众，团结群众，乐意用自己的本领为大众服务。对人民有感情，自己又有能力、有技术，决不坐失良机，一定会主动突围，“更上一层楼”。

谁能为更多的人谋福祉，谁就是好人。为个人、为家族、为小团体谋利益的人不是坏人，但还不是真正意义上的好人。

好人必具备慈悲的心肠。其做法也许让人难以接受，但能帮更多的人增强技能，增加快乐，减轻或消除痛苦。也许其动机与手段并不太纯善，但实际效果能造福苍生。

大家都学好人、做好人，好人才能一生平安。

大家不爱护好人，不支持好人，好人肯定很难过、很伤心、很失败，甚至逼着他走向反面，做一个“虚伪”的人。但愿这种担心是多余的。

让好人流汗、流泪，不流血。要形成一个好人有好报、好人有好梦的宽松氛围。

“近朱者赤”（晋朝傅玄《太子少傅箴》），多多亲近、敬重好人，自己就成了好人。

善待好人，争做好人！

臻于化境

学习古代文化，不知变通，叫食古不化。学习外国文化也有一个食洋不化的问题。牛吃草要反刍，为的是更好地消化。

对于知识和技艺的学习，同样也存在一个化与不化的问题。守正不同于守旧，守正是遵循事物自身发展的规律。创新是在继承当中作适当调整，比如行书的出现，兼有楷书的端整和草书的灵动，是一种既有速度又不至于太难辨认的汉字书法字体。

白开水加了白糖或食盐，看上去没有大的改变，但喝起来有甜或咸的感觉。糖（或盐）在开水中的溶化，有那么一股味道却又不易觉察的状况，好比艺术修养中的“化境”。

所有技能和艺术，都离不开系统而严密的训练，“百炼钢化为绕指柔”(西晋刘琨《重赠卢谌》)。王羲之练字洗笔把池水都染黑了；徐悲鸿在巴黎学画最勤奋，每天到画室最早，离开最迟；真正的歌唱演员每天清晨要找一个地方“吊嗓子”……熟能生巧，练到炉火纯青，出神入化，才算真正成功。

据说，太极练到极致是无形无相，看起来似乎也无什么特别之处，与人交手，身体会有一种自然的反应，这叫无招胜有招。

要做到极致，离不开思考。师傅领进门，修行在个人。下棋双方开局时条件是对等的，为何到后来却胜败悬殊那么大？这是因为在变化中的应对不一样。学习任何东西，师傅只能教人规矩，不能教人玩巧。要达到“巧妙”的程度，求学者一定要有悟性，有自己独到的见解。

专注一门，全力以赴，假以时日，必臻化境。

知足知不足

古语云“世上钱多赚不尽，朝里官多做不完”，劝人功成身退，见好就收，适可而止，免得乐极生悲。

“知止而后有定”（儒家经典《大学》），出门之前先要想好自己的目的地。做事没有规划，“哪里黑哪里歇”，无形中会浪费许多时间和精力。

“吃不尽亏，上不尽当”，吃亏是福，有“亏”可吃，有“当”可上，说明你还不是生活在最底层。“比上不足，比下有余”（汉代赵岐《三辅决录》），应该属于一种不错的状况。“人比人，气死人”，许多人之所以痛苦，并不是生活境况太糟，而是生活享受不够。人最重要的是跟自个儿比。

有一位老人在清明节上坟时说了两句话，值得我们思考，他说：“从前怕饿，现在怕死。”当今这个时代，人们的日子的确在不断改善，越过越好。

立上等志，行中等事，享下等福。生活低标准，工作严要求，这就是知足知不足。

重在“落实”

天意高难定，人间重“实情”。

“人心高，转意高；白水做酒嫌无糟！”（《增广贤文》）劝人莫贪心，贪心必伤心。

孔子说：“未知生，焉知死？”这是一种脚踏实地的人生态度。

孙悟空的一个筋斗云可以十万八千里，人的一个念头又何止十万八千里呢？人生充满未知数，到处有挑战，这是人生的精彩之处。

1998 年 3 月 24 日，朱镕基总理在国务院第一次全体会议上的讲话中说道：“我八年来的体会，就是要办一件事，不开八次、十次会议就没法落实。如果发一个文件，能兑现 20％就算成功了，不检查落实根本不行。”出个主意不难，出台一项政策也并不难，难的是落实。可见，务实、落实都相当不容易。天意高难定，人间“落实”难。

人民教育家陶行知非常重视创造，他说：“处处是创造之地，天天是创造之时，人人是创造之人，让我们至少走两步退一步，向着创造之路迈进吧！”具体该如何做呢？他又告诫我们“像屋檐滴水一样，一点一滴，滴穿阶沿石，点滴的创造固不如整体的创造，但不要轻视点滴的创造而不为，呆望着大创造从天而降”。一切创造离不开实践活动，想到能做到，才是真创造！

获取成功，重在落实！

总有一些坎要跨过去

德国哲学家海德说过：“春天不播种，夏天不生长，秋天就不能收割，冬天就不能品尝。”

吃够了该吃的苦，会加倍珍惜幸福。人生不同阶段有不同的任务，小时有读书的任务，长大有工作的任务，还有成家立业、赡养老人、抚养孩子的任务。在完成一个阶段的任务时，会有一些阻碍，会有一些挫折与失败，会面临着各种矛盾和困难。迈不过“这一步”，下一步就无法接着往下走，所以有人说改革有风险，改革有阵痛。为了达成大目标，就不得不忍受眼前的艰难。刘翔因伤放弃了在北京奥运会上的比赛，不少人感到失望，更多的是惋惜。伤愈后复出的刘翔，渐渐找回了自信，走出了跌落神坛的阴影，在各种大赛中大将风采依然，快乐的刘翔让观众为之喝彩、惊叹。

生活是一本大书，一本“无字书”，需要人耐着性子去解读，“有关家国书常读，无益身心事莫为”（徐特立）。

为有益事，读无字书。要相信，没有比脚更长的路。朝前走，莫回头，踏平坎坷是坦途。

走好弯路　超越自己

山不转水转，人不弯路弯。大家都愿走直道，世上还是弯路多。

“好事多磨”“多难兴邦”，弯弯路还得弯弯走。弯路，由于减小了坡度，尽管远，却是最安全的路。

谁不想一步登天？可一步登不了天。在作战中，如果正面火力太猛，无法突破，迂回战术反而最有效。上高楼有两条路，一条是直路，乘坐电梯，方便快捷；另一条路是弯路，沿拐弯抹角的楼梯，一级一级往上升，比较慢，上下很费劲。如果遇上火灾等突发事故，乘坐电梯反而有可能被困在其中无法逃生；此时，那弯弯的楼梯反而是一条安全通道。

走弯路，距离远，付出多，代价大，最考验人的耐心。学习知识、研究科学、从事生产，有直路当然好，没有时怎么办？一定要有耐心，一步一个脚印地朝前走，只要方向对，方法对，坚持一定会有回报。

人最大的敌人是自己，外因只是变化的条件。

温家宝总理曾在给《人民日报》总编辑范敬宜的信中指出：“从事新闻事业，我以为最重要的是要有责任心。而责任心之来源在于对国家和人民深切的了解和深深的热爱。只有这样，才能真正做到用心观察、用心思考、用心讲话、用心作文章。”新闻工作如此，从事其他工作也不例外。

爱因斯坦说过：“在一个崇高的目标支持下，不停地工作，即使慢，也一定会获得成功。”耐心地走好弯路，做一个有爱心、负责任的人，才能真正超越自己。

世路无穷　劳生有限

一个人的一生似乎很漫长，毕竟有那么几十年时光；但仔细算来，真正独立干事也就是三十岁到五十岁这二十年是最好的时段，身体状况和知识技能都处于最佳状态。

人的欲望如同树的分杈，似乎都有长大长粗的可能，但可能与真正达到理想还有差距。所以，必须有选择，有取舍，放弃一些无关紧要的事，少一点枝枝叶叶的羁绊，集中精力干成一件有意义的事，把握更大一些。

人的出生和环境也许无法选择，但人对环境的应对，人生的价值尺度，人生态度，自己又是可以选择的。“功夫不负有心人”，也不负苦心人，希望我们能找到一个可以释放活力的舞台，真正全身心投入生活与工作，享受研究与解决问题的乐趣。生命的激情一旦被点燃，就会迸发出无穷的潜力。

尊重生命、关爱生命、呵护生命，就是尊重未来，也是尊重自己的过去。冷漠、冷淡都是不负责任、缺乏爱心的表现。尊重每一个生命的权利，帮助、陪伴他们走过人生的迷茫阶段，唤起他们生命的自觉、自省、自我调节意识，从最低限度的预防犯罪，到悲天悯人关爱他人，这才是教育的真正成功。

不怕起点低，就怕不努力。只要想提高，随时都有机会，随处都有老师。多想、多问、多实践，能痴迷、能吃苦就没有学不会的技能。北京大学的保安中有不少人参加旁听学完大学本科课程，少数人还考取了研究生，个别人写出了专著，他们大多是高考落榜者，但由于落榜不落志，边打工边读书，也完成了学业。在人民军队中有不少人都是自学成才的。与全日制学校的学员相比，自学者无论是教材的取得、老师的选择、时间的分配、体力的支出，付出的代价无疑要大得多。

补漏趁天晴，读书趁年轻。浪费了大好光阴是拿自己的生命当儿戏；到应用时后悔没有抓紧，那就悔之晚矣。

美国大学生多半是为研究而学习，为解决生活中某个问题而学习，中国许多学生只为考试而学习。研究是小组式交互学习，为考试而学则偏重于对现成知识及结论的记忆，所以美国大学生的创造能力在全球领先。

在中国的基础教育中，老师只重视自己的教，没有更多地从学生学的角度去思考。

教学，是教会学生学习的本领与技巧。中国学生读书只限于“围墙内”，而且中小学被过度教育，弄得学生疲于应付、毫无自由、毫无快乐。大学是最好的时光，反而缺少钻研，缺少动手能力，反而以玩为主。这也是大学生缺乏创造力、缺乏成就感的原因之一。许多大学生之所以找不到工作，说实在的，是因为大学四年是“混”过来的，仅学了一点理论、一点皮毛。而企业招聘要的是真才实学，要的是有能力独当一面的人才。如果中小学严格按规律开齐、开足课程，如果大学能抓得更紧一点，人才会更多、更优。

长辈只为后人铺路，选择什么样的路去走，主动权在青年人自己手中。认准一条路，坚持走下去，一定可以到达远方！

劳生有限　世路无穷

在短暂的一生中，让人足以活下去的办法绝不止一种。此路不通，尚有彼路，总有一条路可以让人走下去。

“上帝为你关上一扇门的同时，又会为你打开一扇窗。”这也符合我们中国人常说的“天无绝人之路”。从积极方面思考，每一粒种子都有发芽、生长的希望。实际情形又千差万别，“生坏了命”固然可叹，“落坏了根”岂不可惜？有时又不免歪打正着：“有意栽花”倒不如“无心插柳”。有相辅而相成者，显现综合力量，“一加一大于二”。有相反相成者，欲利之反害之，欲害之反利之。

“水色山光皆画本，花香鸟语总诗情。”传统中的国人，与自然的关系是融通的，人处其中是无我或忘我的。卜宅讲求“借景”：“窗含西岭千秋雪，门泊东吴万里船。”（杜甫《绝句四首（其三）》）住宅既独立又开放。水是大自然中最活泼的因素，是万物融通的代表，它有三态：固态的冰，坚硬无比，百折不挠；液态的水，甘处低洼，滋润万物而无所求，大公无私；气态的云雾，自由漂浮于天地之间，无束无拘，功成身退。

“不自由，毋宁死。”（美国人帕特里克·亨利）“生命诚可贵，爱情价更高。若为自由故，二者皆可抛。”（匈牙利诗人裴多菲）追求自由是天赋人权，但人对于自身的行为又不能不有所控制。人的情绪如水，极易波动。一旦失控，势必如山洪暴发，泛滥成灾。理智之岸可以约束感情的潮水，让它既可以宣泄又不至于形成破坏。

人的潜力要懂得缓慢释放。生命如烛，如在大风中燃烧，要么很快烧完，要么未烧完即被狂风吹灭。天灾人祸，要预防、要躲避。人不可与自然对立，对抗的结果是两败俱伤。一把刀再锋利，也不可拿它到处乱砍，一旦碰到石头，刀也就毁了。小儿游戏中的“石头、剪刀、布”“老虎、鸡、虫、杠”，包含着生克制化的道理：“一物降一物。”

世上的路千万条，每个人能够走好的也就那么一条，承认时间和精力有限，坚守本职，可以节省体力；正如拳头握紧与收缩才更有力量。故反过来说，虽然“世路无穷”，毕竟“劳生有限”。时机与优势，转瞬消失得无影无踪。“少年易学老难成，一寸光阴不可轻。未觉池塘春草梦，阶前梧叶已秋声。”(宋代朱熹《偶成》)

克制而不放纵，是为了保持最美的距离（包括时间距离、空间距离和心理距离，均应不即不离），适当的距离可以确保彼此相安无事，无损于眼前利益，又可保长远利益。人能“克己”，才可以掌握自己的命运，并让潜力发挥到极致。

爱如流水往下走，“化作春泥更护花”（龚自珍）。爱似接力都尽力，一代才比一代强。

为人处世，待人接物，要学铜钱，外圆而内方。“圆”的是智慧，“方”的是原则。有智慧可以和平共处，守原则不会随波逐流。

“生碌碌，死茫茫”，故似孔夫子的“未知生，焉知死”，活着不免劳碌，总得忙碌。活着总要劳动，它可以让人吃得放心，用得舒心，睡得安心。古语云：“血汗钱，万万年！”心安理得，“得理”才能“身正何愁月影斜？”(《增广贤文》)——放开手脚，舒坦过日子。

安全意识

铁路旁经常可以见到这样的标语："高高兴兴上班去，平平安安回家来。"在建筑工地常见的标语是："安全责任重于泰山"，"百年大计，质量第一"。安全与质量涉及千家万户的安康，这根弦在任何时候都不能放松。

中国的高速铁路由于管理问题与人员的素质问题，出过重大事故，付出了惨重的代价。每年春运期间，由于超员、超速和疲劳驾驶，也出了不少的事故，给人民生命财产造成了极大的损失。如果交通部门的司乘人员不加强自身修养，不为他人的安全着想，一心想着如何赚取更多的金钱，那么仅靠外部的监管是很难奏效的。

生产中、生活中，随时都要有一种安全责任意识，决不可粗心大意。在森林防火中有"一点星星火，可烧万亩林"的警示。预防重在平时，重在每一个人都要对天灾人祸保持一种清醒的认识；麻痹大意，就会造成无法弥补的重大损失。防患于未然完全有必要。

中国人历来不乏忧患意识，强调"年年防火，夜夜防盗"，警钟长鸣。

平安是福，平安才能回家。

大家都守规矩，大家都礼让，"大路朝天，各走一边"，保持一定的距离，留有回旋的余地，人与人才可以相安无事。

安全无小事，安全的核心是对生命的尊重，对他人的尊重。安全始于心，见于行，成于恒。

比较优势

有文化的人越来越多，但有特长的人并没有随之增加，因此，人力资源优势并没有转化为人才竞争优势。

什么叫人才？就是能独当一面，能负责任地去分析和处理一些较为复杂的问题的人。好心肠、富头脑、健身体，还要有能力去应对各种错综复杂的局面。

在植物种植方面，植物靠边的部分由于阳光充足，透气性好，往往生长极为茂盛，这叫“边际效应”。另一方面，从生态系统角度看，各种生物又共存共荣，既相互较劲又互为补充，于是各种营养元素及阳光、水分都得到充分利用。

百年老店之所以能长盛不衰，在于以诚信立业，品质有保证。“修合无人见，存心有天知。”（北京同仁堂）人无我有，人有我特，人特我优，有核心竞争力才有长久的生命力。

现代人的困惑与痛苦，并不一定是生存的艰难，主要是生产发展不够，不可能满足所有人的消费需求。市场对于传统而言又是全新的东西，缺少了公平与正义，那么势必唯利是图，极力追求利益的最大化；分配的不公，加大了社会风险；交换不畅反过来又制约生产；消费缺乏合理疏导，造成盲目跟风，或是钱没有花在刀刃上，既不利于生产又不利于生活，只有合理消费、理性消费，细水长流，方可持续发展。

“前人栽树，后人乘凉。”（清代颐琐《黄绣球》）每一代人都应该为后代人造福，不要造祸。《增广贤文》上说：“当道莫栽荆棘刺，他年免挂子孙衣。”见识不可谓不远矣。

立足本职，厚积薄发，以期形成比较优势。

不觅仙方觅睡方

现代人由于生活节奏快，工作压力大，面临诱惑多，心情很难平静，经常处于紧张、亢奋、苦恼、无奈、烦躁的不良状态，所以往往休息不好，睡眠不佳。也有光污染和噪音污染让人无法入眠这些外在因素。

要想休息好，生活必须有规律，饮食有节，起居有常，心态良好，自得其乐。如果成天处于“上不巴天，下不着地”（《韩非子·解老》）的悬空状态，无所事事，无精神寄托，不仅工作无效率，而且休息不好，影响健康。

不是因为生活水平没提高，而是理性控制不了感情，对许多事难免随俗。“看得破，忍不过”，控制不住自己的欲望，这不是真看破。

一方面烦恼不断，另一方面又在制造新的烦恼。被贪欲套住了，很难脱身，于是人生难免以悲剧收场。

能吃、能睡、能笑，休息好才能工作好。每个人都要学会休息，学会养精蓄锐，更好地创造人生价值。

服务他人 完善自己

他人是自己的一面镜子。

从他人的反映中可以反思自己的不足，可以弥补自身的过错，可以改进方法，提高办事质量与水平。

人在相互关系中生存。社会上的人各种各样，要宽容、谅解他人，体谅他人的难处，为别人提供力所能及的帮助。从表面上看，成全别人、为他人服务是吃了亏。其实，这其中有快乐，有成人之美的愉悦享受。成全别人也是在完善自我。

不可能什么事都亲力亲为，交换劳动是一种聪明的做法，也是社会进步的必然结果。该干什么干什么，不会干的事不去干，尽人生的本分。

把管变为导，把约束变为服务；方便他人，自己方便。既然是大家都高兴的事，就可以放心地去做，一定要做好、做到位。

伴生比寄生好。伴生是共生共荣，寄生则不免树倒猢狲散。

观　察

观察离不开眼睛。但它不仅仅是“看”，还包括用心思考。

观察必须全面。观察一个人物、一件事或一处景观，不能遗漏，必须“一览无余”。山峰、波浪、桅杆、教堂的尖顶往往为人瞩目，要看清轮廓，看清大概。

观察必须细致。有远近高低，大小长短，有俯仰或平视的角度，有细部的特写，有整体的勾勒。不放过有用的信息。古人在景物入画时说：“远山无石，远水无波，远人无目”，都是从生活中逐渐总结出来的。

观察必须有序：或移步换景，或定点换景，或由远及近，或由外到内，或从上到下，或先局部后整体，或先整体后局部，或环而察之，或环顾四周。无论采取哪种顺序，都必须交代清楚。

“会看，看门道；不会看，看热闹。”观察能力不是天生的，必须多训练。

要学会观察，必须做生活的有心人。

过一种体面的生活

百姓有体面、有尊严才有幸福。为何穷不过三代？穷则变，变则通。为何富不过三代？创业——守业——败业，缺乏恒久的诚信与质量意识，目光不远，也就走不了多远。

幸福的家庭重视团结，和睦相处，敬业乐群，讲究孝悌，一代又一代的财富积累、善良与道德的积累，人才素质愈来愈高。没有哪一个四分五裂的家庭能兴旺发达，也没有哪一个动荡的国家能强盛富民。

每个人有特长，都坚守本职，又有一些消费的自由，社会能更快地进步。人口、财富的流动性增加，这是社会进步的表现，但也需要合理引导，有序流动。对于好逸恶劳者，或是极端偏执的人，要加强教育。敬人爱人，要尊重他人的劳动，尊重他人的人格。

乱世用重典，但始终不可脱离教育。转化观念，重新做人。大家都快乐，全社会的幸福指数才会水涨船高。

相互尊重、相互帮助、相互提高，大家共同进步社会才和谐。和谐不是没有是非，而是搁置争议，寻求合作，求同存异；多沟通，少封闭；多对话，少对抗。动辄以武力冲突来显示自己，是一种没有底气的表现。话语权就是所说的话能被他人承认，它靠的是实力而不是武力。

有事不怕事，无事不找事。平常日子平常过，无病无灾就是福。

积累财富、积累文明成果、积累综合实力，才能过一种体面的生活。

环环相扣

三十六计中有一计曰“连环计”，正好符合事物环环相扣的发展规律。

评价人、事、物往往只重结果，轻视过程，这是不对的。平常素日，过程比结果更重要。“只问耕耘，不问收获”，这是奋斗者应有的心态。只有如此才会放下顾虑，轻松上阵。注重过程、注重细节是现代管理当中极为重要的理念。

春耕、夏耘、秋收、冬藏，顺应了春生、夏长、秋熟、冬枯的自然节律，一年的收成是自然而然的事。

佛家讲因、果，还讲缘。从因到果，其中一定少不了缘。缘分二字又可分开来讲，有“缘”不一定有“分”，无缘无分，那结果自然不会理想。“天时、地利、人和”讲的其实就是缘分。

懂得环环相扣之理，会少一点痴心妄想，多一点务实求真。

机 缘

机会与缘分，合称机缘。机缘成熟，瓜熟蒂落，水到渠成。机缘巧合，是必然之中的偶然。

修身养性讲究的是克己功夫。但又不是死板的机械主义，“着意求真真转远，痴心断妄妄犹多”（济公）。不即不离，不卑不亢，不退不追，“任他风浪起，我自不开船”（《增广贤文》）。定能生慧，定表面是身定，核心是心定。

身劳、身累不是真累；心为物役，心为形役，身不由己，心累才是真累。机缘未熟，勉强追求；逆水行舟，事倍功半。

野百合也有开花的机会，“桃花开早菊花迟，富贵功名各有时”。不必临渊羡鱼，老实回家织网。条件不成熟，需要耐心等待。

春苗日增，砺石日损，日积月累，必然飞跃。

路长长不过脚，山高高不过人。机缘一定有，就看你能否耐得住“一万年太久”的寂寞。

看花容易绣花难

“镜里花枝偏弄影，水中月影惯撩人。谁知费尽扳捞力，总是明河不可亲。”（清代长篇小说《好逑传》）实践与理论有差距，看到、想到不一定能做到。因为做到就是在正确的时间、正确的地点，干符合规律、符合人性的事。

“鸳鸯绣了从教看，莫把金针度与人。”（金代元好问《论诗》）从前的艺人为了保住独门绝技，在传授他人时往往留一手，只教一般东西，不把窍门、诀窍点透。许多技艺于是“大袋装小袋，一代不如一代”，只好“式微”了，毫不为奇。

学习绝不只是教者的问题，学者是否用功，是否专心，是否能举一反三、触类旁通，同样值得重视。大匠能使人规矩，不能使人巧。因为要超越前人，必须有悟性，能想明白其中的道理。故有“师傅引进门，修为（行）在个人”的说法。

同样谷米，吃出百样人。每个人都独一无二，这也是一种优势，不妨“各行其道”，“各行其是”，以求得整体最佳。

一个人只交给他一件事，只要相信他、鼓励他、支持他，为他服务，为他创造条件，没有办不好的。把不同的事交给不同的人做，交给合适的人做，效率自然高。管理绝不只是发号施令，也不是要求言听计从。它不是为了约束人，而是为了团结人、帮助人，重在“理”。梳理矛盾，发现问题，归类解决，让人心顺、气顺，然后手顺。有人认为，埃及金字塔那样浩大而精密的工程，其质量那么高，堪称完美，无与伦比，绝不会是被强迫劳动的奴隶所为，而是由一群敬畏先人、敬畏神灵的虔诚宗教信徒所建造。这种分析，从事理及工程结果看不能说没有道理。

“望山跑死马”，望见山在眼前与到达那里，有很长的距离。真心实意地付出辛劳，耐心地用好每一天的时间，脚踏实地，一步一个脚印朝前走，才能尽快到达目的地。

“眼高手低，矮墙难过。”眼界要高，措施要实。习近平总书记说：“空谈误国，实干兴邦。”从生活中、交往中去读“生活”这本书，“无字书”中的智慧可以使人摆脱幻想、去掉妄想，以清醒的头脑去处理一个个琐碎的问题，以坚实的步伐行走在大地上，以更矫健的姿态站立在天地间。

知难不难。“千斤担子万人挑”，多交流，多合作，总有一条路可以走下去。

朗　　读

朗读就是大声地阅读，不仅自己听到，别人也听得到。水平怎么样，一开口读就知道。语音是否准确，语速是否适中，语气是否符合文体要求，语调能否体现文意，一读全知道。

老师的读是范读，也就是起一个抛砖引玉的示范作用。朗读可以让人全神贯注，对所读文本印象深刻。古人读书记遍数，直到“背诵”为止。背书要达到滚瓜烂熟，这相当于牛吃草，是先从整体上把握；然后在写作中迁移、运用，这相当于“反刍”过程。人在十五岁之前，记性最好，一定要多记一点经典的东西，不少学者认为少年时记的东西终生受益，一辈子不忘。

学校的晨读应该“书声琅琅”，决不能“万马齐喑”。校园应有书声、歌声、笑声。愉快的声音可以相互感染。延安时期，抗日军民齐唱冼星海的《黄河大合唱》，气势磅礴，振奋人心。

无声校园，是教育的不幸，也是教育的悲哀。

准确地读取信息，是活化知识的第一步。苏东坡读欧阳修的《秋声赋》，曾经到五更时仍意犹未尽，仆人苦不堪言，他却自得其乐。把读书当享受，当作美好的精神大餐，自然心旷神怡，受益无穷。如果学不到他人长处，只意识到其中的辛苦，那自然就是苦差事。视读书为苦差事，当然有一种度日如年的煎熬。

唱歌人每日清晨要找一个僻静的地方去放声唱一段，人们称之为“吊嗓子”，既是发声练习，又是找感觉，力求保持一种良好的状态——时刻准备唱。

表情朗读绝不只是简单地照字念下来，要融入自己的感受，要进入“角色”。唱戏中要求演员“装谁像谁”，读书要求人也要相当“投入”。因为投入不够，所以收效甚微，这是多数人的阅读状况。

“书读百遍，其义自见”（《三国志》裴松之注），读书记下时间：包括日期、用时多久，还应记下遍数。苏东坡提倡“八面受敌”，就是一遍关注一个方面，最终弄懂、弄通。

坚持朗读，好处多多，受益无穷。

请人挑刺

“多栽花，少栽刺。”故乡的金樱子生命力极强，根本用不着去栽培，鸟儿或松鼠将其种子带到哪儿就在哪儿生长。有刺的地方，各种破坏相对少一些，于是各种花草树木得以茁壮成长。可见，刺对于其他植物起到了极好的保护作用。

刺一旦划破皮肤，势必让人寝食难安，自己无法处理，一定会请求别人给挑出来，否则很不舒服。俗语中把一个令人生厌的人物或事物称为“眼中钉、肉中刺”，必除之而后快。刺让人有所畏惧，让人有痛苦记忆。

人对痛苦和快乐的记忆不一样，喜乐留给人的记忆是瞬间的，痛苦会让人记住一辈子。但又不是绝对的，“好了伤疤忘了痛”也是常态，老是沉湎于痛苦，人就没法往前走。

有切肤之痛，就会有悲悯情怀，同情弱者，帮助困难人。真正的痛苦并不限于肉体的难受，更为持久的痛苦是来自心灵，无法也无处倾诉。“知音少，弦断有谁听？”（岳飞《小重山·昨夜寒蛩不住鸣》）有了解、理解并支持自己的朋友，是人生的一大福气。

有镜子可以照见自己的瑕疵，有挚友可以更好地纠正自己的偏差，弥补自身的不足。

收集残瓷，研究历史

中国是瓷器之国。瓷器体现了我们祖先的劳动与智慧，是文明的结晶。

由于社会变迁，中国山川田野中到处都有残破的陶片和瓷片。从实用与功利的目的来看，它当属无用之物。但若从考古、研究历史的角度看，它又是一部教科书，有图案、有文字，形状与颜色独特的残片尤为难得，考古价值更大。

收集残片，不仅体现对先民劳动与他们创造历史与文化的尊重，而且其中所蕴含的审美情趣，对于我们建设新文化也是一个有益的借鉴。

如果我们炎黄子孙自己都不珍惜、热爱、尊重祖先的劳动与创造，又怎么去改造世界，中华文化又怎么能赢得世人的尊崇?

瓷器中所表现出的残缺美，是生活中的常态，更为接近现实。因为残缺才显得更可贵，人生总会有遗憾。

研究历史不是为了重复或重现过去，而是力求不重蹈覆辙，更好地面对现实，创造未来。

【补记】

中国瓷器在宋代以前，是很讲究保健功用的，它利用玛瑙、翡翠等做原料，使瓷器本身具有玉的某些特质，再通过不同的器形（如尖深的杯子等），使得水分子倾入其中发生结构上的改变，水分子由大变小，杂质沉淀，水的味道变得微甜。由于古人崇尚淡雅，所以对外界气味和味道的感知比今人灵敏得多，加之一代又一代感觉与感悟的积累，“经验主义”的科学会渗透到生活的方方面面，因而瓷器的品质非同一般。（今人饮食味重，加之水质和食品改变，故感觉不灵敏。）

到了元朝，波斯（即今天伊朗、伊拉克一带）的制瓷艺人进入中国，他们是“色目人”，完全抛弃了宋瓷对品质的追求，而追求器形的硕大与花纹的漂亮，他们从不画人物，只画几何图案和植物。（“鬼谷子下山”不可能是他们的作品。）

色目人管理、监制的元青花瓷，以其漂亮的外观传播到世界各地，扩大了中国瓷器的知名度，使全世界都知道 china，这也算是他们的一大贡献。

青花瓷并非元代才有，也不是色目人的首创，而是始于云南，唐代就有生产。

从波斯人本土及土耳其的文物遗存看，元青花瓷在绘画工艺上远不及他们在故乡制造的器皿。在当地，不仅青色是一幅画，白色底色部分单独看也是一幅画，这一点元代青花瓷制造工艺没有学到。

景德镇国家用瓷研究所的曾维范先生率领的团队，于 2008 年北京奥运会之前，成功地仿制了一批具有保健功能的瓷器，使古老的制造工艺重见天日，焕发了生机与活力。

讨论之前要思考

经常发现许多人讨论问题海阔天空，无边无际，类似于争论“先有鸡还是先有蛋”，争来争去，各持己见，又回到原点。

还有人一遇到问题就向别人请教，不愿动脑筋，这浪费了他人的生命，养成了自己的懒散。不是不能问，也不是不可以讨论，但首先应该对问题作独立思考、初步分析，自己有想法，只是想不明白时才讨论，这时的讨论往往一点就通，一点就活。

讨论是为了寻求帮助，达成共识，少走弯路，不走错路，节约时间，节省成本，提高效益。必要的讨论应该支持、完善和坚持。真理越辩越明。

“独学而无友，则孤陋而寡闻。”（《学记》）学友之间有竞争可以相互促进，相互提高。所以前人强调做学问要自己多琢磨，用时要广泛交友，多与人切磋。转益多师，必然眼界开阔，识见不凡。

提倡有准备的讨论，反对信口开河。

投　入

投入要科学、合理、对路。必要的投入要坚决果断，不可坐失良机。

事先要预算，事后须评估，不能浪费人力、财力与物力。生存与发展要有恰当的比例，不可杀鸡取卵，不可因“近忧”而忽视“远虑”，既要考虑眼前利益又不能损害长远利益。

“该出手时就出手”，可一步到位，也可分步实施，不可一概而论。要有预案，不能死脑筋（一根筋），要多想不顺时怎么补救。凡事先从反面去想，然后在实施过程中做最大的努力。

“世上没有免费的午餐”（美国政治学者杜兰），不要指望天上会掉馅饼。用汗水去换收入，用得舒心，存得放心。但凡购买彩票的人没有一个不想中大奖，但由于贪心而被牢牢套住，反而输掉了血汗钱，绝不在少数。

拿血汗钱去赌，是对自己和家人不负责任。赌的根子在于一个“贪”字。

中国古人说“好事多磨”，事情如果太顺，肯定就不正常。贪小便宜者必上大当，教训一定要记取。

为了学生的全面发展

蕲春四中正走过六十年的风雨历程。在 21 世纪如何办人民满意的教育，面临着新的机遇与挑战。

机遇是全民重教、科教兴国。从上到下都认识到教育对于国民经济与国民幸福的保障作用与后发优势。要实现科学发展，要为社会保增长、调结构、促稳定培养更多的后备人才，必须转变以考定教的应试教育理念。

全面关心学生的成长进步，从德、智、体、美、劳各方面关心学生，培养学生，把育人放在首位。教书要服务于育人。学生不仅学业要优，而且做人、做事深受社会欢迎，经得起时间检验。

让每一个学生都进步，让每一个学生都成人，让每一个学生都成功。从人格上尊重每个学生，呵护他们，关爱他们，学生的幸福是教育最大的成功。

要依托四中校园文化，将教书、管理、环境形成育人合力，让学生养成良好的个性、良好的生活与学习习惯。良好的个人是家庭和社会的基础，所以既要广泛号召，又要个别指导。承认差异，善待“差生”，让所有学生都能找到适合自身特点的教育。

教学要由着眼于老师“教”，向注重学生的“学”转变。老师只是帮手和陪伴，学生才是学习的主人。以人为本就是“以生为本”，学校一切工作都是为了学生更好地成长与进步。

学生们的考试成绩只是学业的一个方面。教学质量是学校的生命力之所在，要提高质量必须改变课程设置，合理安排（与分配）时间，让学生乐于学习，享受求知的快乐。开展丰富多彩的活动才能吸引学生，才能培养其沟通能力、合作能力、动手能力、探究能力与实践能力。

适应社会需要，为解决问题而进行研究性学习，才会真正形成人的创造能力。学生、师生之间“交往式学习”，是学习方式变革的方向。

“唯实”，是立足于四中实际，立足于山区学生的基础去实施教育。“求新”，是让每个人都有提高，都享受到公平教育的阳光，都能适应现代化建设的需要，都能形成良好的个性与健全的人格。

细水长流

“黑云翻墨未遮山，白雨跳珠乱入船。卷地风来忽吹散，望湖楼下水如天。”苏东坡的诗句描写的是夏天的阵雨，来得猛，去得快。

“水过地皮湿”，暴风骤雨带来的往往是破坏大于利益。“随风潜入夜，润物细无声。”（唐代杜甫《春夜喜雨》）滋润生命生长的往往是和风细雨。

森林可以涵养水源。有茂密的树木，山地才蓄得住水，才可以保证细水长流。

“红芋饭，兜子火，除了皇帝就是我。”（俗语）这是自给自足的小农经济时代农民们对冬日烤火及温饱生活的自足自满。

“一团茅草乱蓬蓬，蓦地烧天蓦地空”（宋代无名氏题壁诗），这种野草所燃烧产生的火焰，虽来势凶猛，但后劲不足，无法持久。

人要经受各种考验，包括顺境——随心所欲，不逾矩；逆境——事与愿违，阻碍重重；不顺不逆的平常之境——小有成就，小有烦恼。各种日子都得过，“风也过，雨也过”，酸甜苦辣皆营养，喜怒哀乐不忘形。

“一生不出门，是个快活人。”（俗语）平淡、平凡、平庸、平常，细水长流，平平安安就是天下有福人。

凡事要好，需留余地。势不可倚尽，福不可享尽。吃亏是福，让人为高。“天若有情天亦老，月如无恨月常圆。”（宋初石延年赠友联）承认缺憾，容忍失败，不气馁，不骄傲。

“为上等事，结中等缘，享下等福”，子孙发达，好日子方能细水长流，传之久远。

无欲则刚

民族英雄林则徐有副对联："海纳百川，有容乃大；壁立千仞，无欲则刚。"林公并非真的无欲，否则不会有虎门销烟的惊人之举，他只是无个人私欲，存民族大欲。

南怀瑾先生有一联："有求皆苦，无欲则刚。"他分析认为，人分三种：有涵养有本领无脾气；有修养能办事也有脾气；无本事脾气大。并认为只有第一种人才真正称得上刚强，第三种人只是犟，与刚无关。这种见地可谓极为深刻。

人到无求品自高。有求不是坏事，如果求的是人间正道，求的是内在修养，那有什么不可以？但若心无主见，就会在纷繁的世事中立不住，眼花缭乱，手足无措。心有定见，外在行为随顺变化也无妨，这是以不变应万变。

"说到"与"做到"有差距，原因多种多样。孔子说到他对别人的信任有一个变化过程，年轻时"听其言，信其行"，到晚年则"听其言，观其行"。对人才的考量有一个过程，长期的观察可以更好地甄别人才，发现人才。

形式与内容

中华为礼仪之邦，有五千年悠久的传统文化。从周代开始，对礼仪就极为重视，代代积淀，礼仪得到不断丰富与完善。

孔子曰：“不学礼，无以立。”一个人不懂礼仪，在社会上就无法生存与自立。礼表现为卑己而尊人，敬重长辈，爱护幼小，同情弱者。把他人当人，以人为本，凡事能换位思考，先考虑他人的需求。谦让则秩序井然，相安无事。交通中有“大路朝天，各走一边”的古训，过十字路口，经常可以看到“让出平安，抢出祸端”“宁停三分，不抢一秒”的警示标语。

公路已成为事故多发地，车流量过大、疲劳驾驶、超载都是其原因，其主要原因是超速，因为一超速就无法处理紧急情况。“抢出祸端”有无数事例可以证明。

急功近利在当代随处可见，过度的“开发”与“开挖”，是在毁子孙利益，砸子孙饭碗；过度消费当然可以舒服一阵子，但生产搞不上去势必会坐吃山崩。浮躁之风，实质上是怕吃苦、好逸恶劳的表现。一个社会如果生产搞不好，必然后劲不足，谈什么长治久安?

我们一度有过废除一切礼仪，不重任何形式的极左做法，这样做的后果是让人无所敬畏，无法无天。社会秩序大乱，人人自危。破坏能逞一时之痛快，但要恢复却要花费巨大的代价，需要几代人的时间。

国家在财力增长时拿出一部分来作为养老、失业、特困的救济，这种福利制度的实施，是社会公平分配的一部分，也是一种引导与激励，全社会都关心百姓生活，都注重民生，社会才能实现和谐。

任何事情都有限度，西方国家过度发展金融业，长期实行脱离生产实际的所谓“高福利”政策，助推了全球性金融危机乃至经济危机的爆发。

我们是生产仍有很大潜力，金融仍有发展空间，但不妨从中吸取教训，把有限的资金用到刀刃上，努力发展生产，提高社会财富总量，满足人民群众的物质与文化需求。

形式要为内容服务，但它也是独立的，绝不是可有可无。“名正言顺”，“名”就好比是形式。“言之无文，行而不远”，“文”，文采，就是文章的形式。鸟的羽毛也可以看做是它的形式。好的形式可以更好地为内容服务；反之，则对内容的表达有损害。

养成教育

有生有养，有生有长。

生就是一个生命出世，是一个新的起点，预示生命由先天的寄生到后天的独立。生命要成长为茁壮的个体，少不了培养。所以后天的教导与养育，就决定了生命的层次。

养是一个较为漫长的过程，必须呵护，必须考验，必须培养优良的个性与习惯。农村中有这么一种说法，一个女儿贤不贤惠，母亲至关重要；一个儿子有没有出息，父亲应负极大的责任。还有，“严师出高徒”，都说明一个人的成长离不开他人的关爱，也少不了引导与纠偏，每个人的成功都无法复制，但失败的教训一定要吸取。

当今社会，弥漫着一股浮躁之风，许多人参与赌博，也有不少人炒股，相当一部分青少年误入了传销的陷阱而无法自拔。盲目攀比，企图一夜暴富的人也不在少数。部分青少年害怕吃苦，好逸恶劳，不学无术，到处游荡，对社会治安极为不利。许多人的痛苦并不是来自于生活的困顿，而是缺乏比较优势，认为生活不如他人，盲目跟风，贻害无穷。

一年到头不添置衣服则不免受冻，一天不吃三顿饭则会饥饿难受。既然消费无法停滞，生产就一刻也不能停顿。毛泽东主席说过，必须把粮食、棉花、布匹抓紧，又说自己动手，丰衣足食。他老人家提倡自力更生，艰苦奋斗。中国人在共产党的领导下，大长志气，依靠自己的努力养活了十三亿人口；但农业是个靠天吃饭的行当，各种自然灾害不可避免，再加上人为地破坏耕地、滥占耕地，导致生态环境的恶化，动摇了人类生存的基础，山穷水尽，污染加速且无法逆转，隐藏着极大的危机。

“前人栽树，后人乘凉。”（清代颐琐《黄绣球》）每一代人在享受前人成果的同时一定要为后代人造点福。实在没能力造福，那就当一个现状维护派，不要去造祸，不要把子孙的饭都吃了。

“但存方寸地，留与子孙耕。”(宋代叶适《留耕堂记》)一个有教养的家庭，才能培养出更为文明的人才。古人的教训一定要记取：“心术不可得罪于天地，言行要留好样与儿孙。”(明代袁崇焕联)

好话说绝，坏事做尽，必然会天怒人怨。大家都知恩图报，大家都心平气和，社会自然而然安定团结，天下自然会太平。

论 “份”（“分”）

“份”在除法中指的是平均数。从字形看，指的是一个人在社会中可以分得一份他该得到的财物。

净空法师认为，一个人命中该得到什么都是他“有份”的。如果是无份的，用尽心思与手段都得不到。如果是他命里应该享受的，他不用任何手段，照样可以得到。社会财富总量有限，一个人的享受也应该有限。假使他慢慢享受可以达百年，他也可以在三年内将其挥霍一空。

人要知本分，守本分，创造本分。创造多于收获，就是在为他人作贡献。

自己是人类的一员，无论地位如何，尽可能顺应社会，顺应自然，不要表现得另类。“特立独行”，主要表现为有主见，有思想自由，有独立人格。

人不能脱离劳动，要么动脑，要么动手，要么手脑并用；不劳而获就是剥削他人的劳动，就是损害他人的利益。

分内的事一定要做好，分外的事有选择地做。心安、身稳，自然好守本分。

反　思

人能意识到自己在干什么，干得怎么样。人也知道什么可以干，什么不能干。人对于自己做过的事会有一个评价与调适，这得益于人有反思能力。

反思让人把事实与想法作比较，反思让人头脑清醒，意识到不足与失误，这有利于补救与纠偏。

反思让人不断改进，不断调整。教训的吸取是为了不重蹈覆辙，经验的总结是为了能把优点发扬光大。反思的人进步快，反思的民族素质高。

表面上，反思是指向过去，其实，它又是着眼于未来，更主要的是着眼于当下，可以不走错路，少走弯路，更加顺畅地到达目的地。

“举一反三”“闻一知十”，人不仅会反思过去，还能从有限推知无限，从现象中总结规律。

认识获得提高，实践自然少犯错误；少一点折腾，做事的效率也可以大大提高。

以退为进，也不失为一时的聪明之举。一味冒进，会不知不觉走向危险的边缘。

反思不是一味检讨不足，还要肯定成绩，坚持真理，发挥优势，提高能力。

坚持反思，不断完善，受益无穷。

不停地问自己：

我要去哪儿？我怎么去？我怎么确信可以去？以追问形式推动自己的工作深入持久地开展下去。

反思不是为了战胜谁、打败谁，而是为了更好地认识自己，为了自己更好地进步。

不听是非

“是非终日有，不听自然无。”（《增广贤文》）一个人要干事，肯定有人说是，有人说非。作为当事人该听谁的？从良知出发，坚持原则，坚持真理，自己的事自己做主，自己负责。

包容他人，宽容他人，理解他人，“度量”大一点，别人说的话别往心里去。不能禁止他人说什么，但自己可以不听那些张家长、李家短的所谓是非。

“来说是非者，便是是非人。”（《增广贤文》）一个人不干好本职工作，天天说东道西，指桑骂槐，本身就有问题。心态不好，眼光老像手电筒，只照见他人，照不见自己。

凡是有作为的人，无不是有主见、有毅力、有智慧、有道德的人。德，保证了人生的大方向，智慧能帮助人科学地、艺术地去处理问题，应对各种错综复杂的局面。有主见不会随波逐流，更不会同流合污，虽与人合作，但选择能干事、肯出力、干得成事的人作为伙伴，别人的意见和建议，仅供参考，主意还是自己拿。坚持相当重要，没有顽强的毅力，仅有几分钟的热情远远不够。坚持到成功，那么坚持才有价值。

今今古古难免是是非非，古古今今皆有非非是是。

让文化活着

中国封建社会中有两种“文化”对社会发展极为不利：一是“奴性”文化，丧失自我人格，眼睛长在头顶上，看不到大地上苍生的痛苦；二是“暴力”文化，往往成为改朝换代的工具，带来社会生产的停滞落后乃至倒退。在市场化的今天，由于“唯利是图”，这两种文化仍有相当的市场。

“文化”边缘化乃至沙漠化是一个极端危险的信号。发达国家全民阅读，我们不少人沉湎于赌博，学生只为分数而学习，官员更多地关注自己的升迁，老人只谈营养和保健。总之，对读书缺乏应有的热情。经典名著尚且无人问津，现当代人的作品更是少有读者。

文化是维系一个民族的命脉，每个人都有责任传承它，发扬它。没有继承，所谓创新也会落空，多半只是一个口号。缺少根基，创新就成了无源之水，无本之木。

如果文化断层、环境大破坏，那么就会动摇我们的生存之本。钱学森晚年极为重视沙漠治理，十分关心教育，他进行了认真的总结与研究，形成了独特的“大成智慧学”。他认为集大成是古今中外兼收并蓄，为我所用，比系统论更为精辟地阐明了学术研究一定要开放兼容，一定要与时俱进。“钱之问”对所有人应该是一记振聋发聩的警钟。每个人都应该向钱学森学习，认真负责地干好自己分内的事，为文化建设和生产发展出一分力，发一分光。

浑水与污水

“水至清则无鱼”（《汉书·东方朔传》），浑水好养鱼。浑水富含营养，有利于鱼类生长。

污水则有毒，会杀死所有的生命。现代社会不少人处于亚健康状况，从根本上说是文化沦落，从现实表现讲是环境大破坏。

西方世界是几百年工业文明之后走向商业文明和信息文明。我们是工业化与福利社会建设同步推进。要消除城乡差别，要实现工业化、城镇化，但文化建设和环境意识又跟不上，于是拼命消耗资源，破坏环境。这样做会产生严重的后果，虽能带来一时的快乐与享受，但要以牺牲健康——自身的健康乃至子孙后代的健康为代价。

要健康发展，必须在科学发展观的引领之下，弘扬优秀的传统文化，学习国外的先进文化，切实保护一山一水，一草一木。不能以“建设”的名义去搞破坏。

青山绿水，永续利用。青山常在，绿水长流，这是很普通的道理。事实上，由于眼前利益的驱使，不少地方已到了“山穷水尽”的地步。

没有优良的环境，没有干净的饮水，没有新鲜的空气，人类的生活与鱼儿处于污水之中有什么两样？

爱护家园再不能停在口头上。因为环境的承载力已达到极限。保护环境刻不容缓。

精明与聪明

精明，中性词，褒义是有智慧，能干，会作安排，会处理问题，它表现为应变能力与办事水平。过分精明则是贬义，众所周知，不用多说。

聪明，指头脑灵活，对外界的反应较为灵活、敏捷。“聪”，听觉好，会听话，一听就懂，能听出弦外音、言外意。“明”，视力好，有眼光，能透过现象看本质，能预见事物的发展趋势。不聪明肯定成不了什么大事。但成大事仅靠聪明显然不够，还得有智慧，会取舍。特别少不了“品德”的核心作用，没有品德作保证，愈聪明、愈精明，破坏力愈大。这方面有许多教训可以吸取。

社会是一个系统，各要素之间相互影响，相互制约，既有合作又有斗争，在对立统一中社会得到发展。重人才的时代，社会进步快；重奴才的时代，社会往往停滞；重蠢材会带来社会的大破坏、大倒退。

真理掌握在少数人手中，这种说法并不错。因为人们在认识上有许多误区，由于人生历练的不同、交往的不同、学习的不同，人们的见识会有很大的差别。

不怕你不聪明，就怕你不努力。只要一个人品行不坏，稍笨一点没什么关系。有恒心、能勤奋，可以弥补智力上的不足。“一专多能”固然好，而能力不够强，若能专心致志，聚精会神，积累下去，也能形成一种独特的优势。

“别人的孩子不心疼”，这也可以理解。如果自己付出艰苦劳动才获得理想成果，那么我想不会轻易丢掉它。因为吃了苦头换来的，会格外珍惜。

该自己做的不能推卸责任；该子孙做的无法也不能包办代替。“溺爱”也是一种伤害。吃点苦头只要不危险，并不是坏事。若苦尽甘来，人就有一种幸福感。

幸福从比较中得来。事不可做尽，尤其是心不可用尽。古人云："占尽便宜有报应"，这"报应"就是不会有好果子吃，一定是苦果与恶果。

凡事当留余地。与人方便，自己方便；与人快乐，自己快乐。

不自寻烦恼，不无事找事。"知事少时烦恼少，识人多处是非多"须谨记。

一“真”敌百“假”

《西游记》中有真假美猴王，生活中什么东西都有真和假。古代把修养高的人称为圣人、至人、真人、贤人等，所谓“真”是指经得起检验与考验，能坚持真理不动摇。

为什么有那么多“水”货？因为消费水平有限，质量意识跟不上，必然会产生假、冒、伪、劣产品。表面看，是繁荣了市场，方便了生活；究其实，则是浪费了资源，浪费了人财物。缺乏诚信，就是不真的表现，做假的结果只能是一锤子买卖，仅此一回，没有下次。

识破了伪劣产品，人们就会提高警觉，不再上当。自砸招牌、自毁长城是不讲信用的必然代价。“快有三分假”（俗语），凡事都有一个过程，人为地打破生产周期，看似聪明，实则糊涂，古人“揠苗助长”的教训在今天并没有完全被人们记住。“萝卜快了不洗泥”（俗语），慢工出细活，中国人讲究并相信好事多磨。速生的农产品味道差多了，因为吸取的养分不够充足。顺应自然的“真”才可以产生持久的良好效应。

真的假不了，假的真不了，总有个水落石出的时候。一棵树活不活，要过三个六月；一个人好不好相处，同样需要过三个六月。

“真”不是矫揉造作，是一个人真情的流露。真情岁月让人踏实，让人向往，令人回味。

真抓实干，才会有实实在在的成果。人可以欺骗别人，但骗不了自己。有良知才不会自欺，更不愿欺人。

人与人之间相互提醒，相互影响，相互学习。“教育”的初始意义是“养子使作善”。《大学》上讲人的修养目标是“至善”，至于善，守住善。孟子说做学问是“求放心”，不让心放纵，只专注一点，一门深入。“从心所欲，不逾矩”（《论语·为政》），听从心灵召唤，聆听心声，但不违法乱纪，这是“真心”。

用“真心”去做事，是真做事，做真事，其效益自会事半功倍。

窦娥的真情感动了苍天，鲁迅的真情唤醒了沉睡者，毛泽东的真情改天换地……

心真、人真，事自然真，这是从根本入手。“刀子嘴、豆腐心”，看重的是“为了谁”。如果不是为了一己之私，就算过程中有些不合情理之处，也是可以理解的。

好心不用钱买，好心用钱也买不到。“有钱做不到”，说的是缺少一点“慈悲心”。心真的人多了，大家的日子都好过。

热爱才会投入

瑞士钟表师根据自己的造表经验，在考察埃及金字塔后得出一个结论：金字塔工程浩大，结构复杂，可建筑工艺堪称完美。这么优质的工程不可能是被迫劳动的奴隶所建造，应是由一群又一群、一批又一批虔诚的自由宗教人士为了共同的信仰而修建的。

为了谋生，为了混口饭吃，当然也可以完成一些工作，但那基本上是一般水准。要达到高规格、高标准，必须有超乎寻常的投入。孔夫子把人对学习与事业的态度分为三个层次：知之者，懂一点皮毛；好之者，有一点兴趣；乐之者，乐此不疲，废寝忘食。痴迷者之所以不一般，是因为他从一项事业中找到了人生乐趣，心甘情愿地为此付出时间与汗水。

兴趣要从小培养。父母要为孩子找到兴趣、发挥特长创造条件；孩子遇到挫折时，要多加鼓励。人的成功也离不开外界的激励，每个人都有惰性，也都有依赖性，他人的督促可以帮助自己克服懒散，减少失误。

考验·立志·坚持

坏事可以变成好事，必要的考验与折磨，能锻炼人的意志。“好事多磨”，在修身养性上，人同样面临各种磨难与考验，正所谓“不磨不考不成真”。

考验有“顺考”，要风有风，要雨有雨，此时你怎么办？也有“逆考”，喝水呛住，时时不顺，处处有人作对，怎么办？“风也过，雨也过；晴也过，阴也过”，尝遍人间百味，才能达到“也无风雨也无晴”的洒脱境界。

毛主席说过“内因是变化的根据，外因是变化的条件”。人才成长的内在因素是充分自信，力求上进，想有一番作为。这种积极向上的乐观态度，是支持一个人舍身投入的内在动力。德国人做过调查：穷人最缺乏“野心”。野心不是妄想，也不是幻想，而是一种人生远大目标，一种百折不回、不达目的不罢休的顽强斗志。俗语说：“人穷志短，马瘦毛长。”但也不可一概而论。“人穷志不穷”亦大有人在，他们靠奋斗改变了穷苦的命运。

勤奋与天赋都不可少，成功者，天赋只占20%，勤奋占到80%。“行百里者，半九十”（西汉刘向《战国策·秦策五·谓秦王》），其实，人生百里路，走了九十里，也只相当于走完一半，最后十里路要占一半。所以，成功贵在坚持。

防　守

“防”是一个地方背靠一座大山，也就是一方人有依靠。俗话“靠山吃山，靠水吃水”，山水既是环境也是资源，是一方人安身立命之所，也是一方人安身立命之本。

土地是财富之母，劳动是财富之父。一方水土养一方人。一方人的福分来自于一方水土，包括传统文化、民风民俗的滋养与濡润。“防”是做事前预设，有预设是走在时间的前面，争取主动。防守看似保守与消极，但从付出与收获之比例来看，也许是以小的代价换取大的收获。

“防”让人保持距离，彼此完好，免遭两败俱伤。“攻”让人逞一时之快，自以为有把握摧枯拉朽，但从中国历史上战争最终获胜的多为善于守御一方的事实看来，“守”比“攻”更重要。你也许不善于进攻，但只要你善于防守，牢不可破，最终也可以反守为攻，反败为胜。

防守有底线，就是核心利益不容侵犯。细枝末节不妨作出让步。防守是人生必不可少的一课。

征服

英雄都有征服世界的欲望。

人最难征服的并不是远方的群山而是自己内心的欲望。

“生年不满百，常怀千岁忧。”（东汉《古诗十九首·生年不满百》）人是世界上最忧郁的生命，总是心怀忐忑，前怕狼，后怕虎。

惧怕的结果是放大困难与痛苦；而贪欲又使人蒙蔽双眼，妄自尊大，不撞南墙不回头。

《老人与海》中的桑提亚哥说过，一个人可以被打倒，但不可以被打败。诺贝尔对世人发出忠告，“不要被人活埋”，就是说一个人要融入团队，融入生活，融入社会，不能让自己封闭起来。心中明亮就不会惧怕黑暗，心中有阳光就不会为阴雨而伤悲。

年轻人有犯错误的权利，因为有的是时间与机会。但不要轻易地享用这种权利，不是每种错误都能得到改正，实在要犯错误那也应该是出于无心，出于无奈，决不应该是有意。“无心非，名为错；有心非，名为恶。”（《弟子规》）追求真善美，摒弃假恶丑，在任何时候决不丧失信心，这样的人一定是一个强人。

恶人征服世界，强人征服自己。

野　心

有人做过统计，世界上80%的穷人最缺的不是金钱，而是野心。

野心不是痴心妄想，不是画饼充饥，也不是天上的馅饼会掉到自己头上的幻想；而是一种不屈服于命运的坚韧奋斗，一种百折不回的顽强斗志，一种不达目的不罢休的执著追求。

野心并不是一定要打败和战胜谁，而是要用知识武装自己，用技能来造福世界，用榜样来激励自己，在建设中彰显自己的人生价值。人能对自己的行为负责，野心会支持他走得更远。

周总理乐于“与有肝胆人共事”，是因为看中了这些人热血中所潜藏的英雄气质。敢于走一条不平路、走一条危险的路，像武松过景阳冈，那就是英雄气概。

佛教寺庙中有不少“大雄宝殿”，供奉的是大英雄“释迦牟尼佛”。因为他的慈悲不同寻常，乐于传播快乐、消弭痛苦，也因为他的智慧，奉劝众生如果没有能力恢复原状，就不要轻易地去干破坏勾当。

生活是一面镜子，你哭它就哭，你笑它就笑。“笑比哭好”，乐观的人会更积极、更主动地去迎接困难的挑战。藐视困难的人更自信。“自我救赎”，是最现实也是最好的生存方式。当我们说一个人“无可救药”的时候，意味着这个人已经颓废，已经变得没有斗志，已经对生活、工作与学习采取一种应付的态度——混日子。

人心公平，生活才会公平。你的心不平，永远感受不到公平。公平从来都是相对的，凡事只要过得去也不必苛求完美。黄金分割点（0.618）为什么最佳？“一大半”符合人意，大家都认可，都接受。

学校的考试是有形的考试，生活的考验尽管没有试卷，也没人监考，但往往更为残酷。

年轻时“不知怕”，年老时“不后悔”，一生总算没白过。

年轻人有野心，不是坏事，要肯定、要赞美、要支持。

万里江山谁是主

“为民做主”，是清官的追求；“请为民做主”，是小民的哀告。什么时候，人可以为自己做主，那就摆脱了奴性，成为一个有自由身份的公民。一个人没有信仰是相当危险的，意味着这个人不容易说服，也不好合作与共事。其实，在中国文化中那种思想独立、精神自由的人往往是极清醒的现实主义者，大多是良民，一般不会偏执到去无端攻击他人、攻击社会。

人的自由应该是人格独立，思想自由，而不是随心所欲，更不是为所欲为。能力有限，心中有数，有所为、有所不为，多为建设想办法，不为破坏添助力。对奴性文化要批判，对暴力文化更要警惕。滥施暴力会造成生产停滞，严重时会带来社会倒退。

为改善人民生活，多献计出力，把人民的利益放在第一位，这才是真正让民做主。

唯有脊梁式人物才能担当改善民生的重任。人民自己当家做主，社会的活力一定会百倍地迸发出来。

人心齐　泰山移

俗话说："人心齐，泰山移。"怎样才能达到人心齐呢？"财散则民聚，财聚则民散"（儒家经典《大学》），让利于民，藏富于民，才能更好地团结民众。

"人向利边行"，趋利避害是人的本性。满足人的物质与文化需要，才能让人安居乐业，才能激发人的创造精神。"又要马儿走得好，又要马儿不吃草"，这不是自相矛盾吗？

为了共同的目标、共同的利益而奋斗，这样的一群人很容易达成共识。有了共识才会在行动上步调一致，齐心合力必然产生较高的效益。

"堡垒最容易从内部攻破。"（列宁）分裂必然产生内斗，两败俱伤就会有人坐收"渔人之利"。有智慧、有远见卓识的人都很重视团结，化敌为友，尽量少树敌，古人云"多个仇人多座山，多个朋友多条路"。过日子最怕不团结、不和产生内耗。最怕瞎折腾，折腾的结果是浪费人力、物力和财力，带来生活水准的下降。

阳光心态，道义相交，彼此关照，团结而不纠结，事业自然兴旺发达。

技能来自训练

任何技能离不开训练。“熟”能生巧，熟悉离不开重复，但又不是简单地重复。

训练必须有针对性，有人反应快，有人反应慢；有人智力好，有人记忆强……不可千篇一律，一概而论。训练必须系统，零敲碎打，挂一漏万，收效总是有限的。训练必须有合理的标高，标准太低，水平与能力上不去；太高则容易让人产生畏难情绪，容易自卑。跳一跳可以摘到桃子，这就是合理的最近发展区，可以引领人才尽快成长。

高效的训练，应该限时完成，决不能拖拖拉拉，中国许多事坏就坏在一个“拖”字上。如果是事关大局，生死攸关，一拖就完蛋了。拖拉是一种懒散的表现，它会让人无端浪费许多时间，丢掉许多机会。有动力、有条件，并不一定有理想的结果，因为还有一个机缘是否成熟的问题。好比种子是良种，得有适宜的气候条件、营养条件，合适的温度与水分，加上丰厚的土壤，种子才会发芽并茁壮成长。“冯唐易老，李广难封”（唐代王勃《秋日登洪府滕王阁饯别序》）说的就是时运不齐，命运多舛。

理解的不足可以通过科学的训练来弥补。一日不练功，自己知道；两日不练功，同行知道；三日不练功，大家都知道。演戏如此，做其他事也不例外。“铁杵磨针”的典故，告诉人们，训练必须吃苦，必须坚持，不可半途而废。俗话说：“拳不离手，曲不离口。”学一样东西也许得费不少周折，可要忘掉也许用不了多久，所以生命在于运动，生命也在于保养。人、事、物都有生命周期，善于保养生命力必然长久。

科学的训练一定是循序渐进，而不是凭想当然去瞎折腾。做任何事都必须按规律办，必须从实际出发。训练按规律，按事物发展规律，按人类认知和学习规律，不违背常规与常识，一定有收效。

“百炼钢为绕指柔”（西晋刘琨《重赠卢谌》），锻炼与训练可以造就一个有力量的人——可以独立地养活自己，能从劳动中体现自己的人生价值。

健　康

成功离不开天赋，离不开情感，更离不开健康。

健康不仅指身体良好，还包括心态良好。身心合一，能胜任繁重的工作，这才是身心和合的真正意义上的健康。

成功的许多因素好比是“0”，那么健康就是写在“0”前面的“1”，有了这个“1”，它后面的“0”才有意义。

外在条件大致相当的人，作出的贡献为什么不一样？因为健康的人更有活力，更有时间去从事他的工作。不少人总哀叹吃亏太多，其实，多活几年就什么都赚回来了。从前日子苦，想吃东西，没什么可吃，常常挨饿；如今日子好了，吃的东西极为丰富，可怎么也吃不下去。所以不少老年人感叹说：“从前怕饿，现在怕死。”日子过好了，总想多活几年，多看看世界的光景。

鸦片战争之后，中国被西方列强侵略，中国人一度被称为“东亚病夫”。2008年北京奥运会之后，中国无疑是世界体育强国。在很多重大体育赛事中，我们的确拿了不少金牌，但这并不意味着中国公民的身体素质多么强。中国的普通民众尤其是青少年的饮食状况、锻炼状况和身高体重及各项生理指标，离真正的身强体壮尚有相当的差距。

青少年由于课业负担、社会焦虑及浮躁心理、睡眠不足及睡眠质量不高严重地危害了身心健康。

“身体是革命的本钱”（毛泽东），这句话并未过时，在竞争中更显示其正确。对于山区的孩子、农民的孩子、贫困的孩子，将来靠什么立足？首先要有一个健康的体魄。

中国大部分人前半生用健康换钱，后半生就算有钱也买不回健康，这是无奈之举，也非常可惜、可怜。

健康是工作的保证，失去才知拥有的可贵。一定要爱护身体，重视健身。

黄牛与大象

黄牛是农家耕作的生产工具，是私人财产，他人不可随意猎杀。大象是野生的，没有主人，频遭随意猎杀而濒临灭绝。社会中的公共产品，大家都认为见者有份，于是产生许多只追求眼前利益，只求立竿见影的短期效应。这种短期行为，从根本上损害了人民群众的长远利益，破坏了绿水青山，浪费了有限的资源。农民致富，到今天资金问题固然仍是问题，但已不是根本问题，技术和带头人的缺乏，制约着脱贫致富奔小康。

田地承包焕发了无穷的活力。如今情况已发生变化，田地对年轻人再也没有吸引力，原因是田地太少，收益有限，不如外出打工划算。如果把山林、水面也用几十年时间承包给他们，我相信，有一定实力的年轻人更愿意扎根乡土创大业，一定可以让社会主义新农村建设风生水起。

中央连续多年以“一号文件”形式指导三农问题，但在具体实施上还应有法律保障和实施细则。要大力培养科技示范户，老百姓看得见摸得着，才乐意跟着干。要千方百计为农村培养留得住、用得上的人才。

与第二产业及第三产业相比，农民个人和家庭对土地的投入仍极为有限。如果产权更明晰、技术和人才有保障，农民一定更愿意加大投入。只要大家的生产积极性都被调动起来，农业仍有巨大的潜力可以挖掘。

财散则民聚。让利于民，藏富于民，百姓安居乐业，更有能力抵御风险，从而真正实现安定团结。

谨防民主被滥用

如果参与政治的成员素质不高，就可能过多地想到自己的圈子，就会把小团体的利益置于大众利益之上。

讲道理，要从大局出发，要讲大道理。只站在自我立场上维护自身的绝对利益，对他人的利益诉求持否定的态度，最终可能引发社会冲突，因而葬送民主。

实行民主要有物质条件、法制条件和智力条件。通过讲道理，服从真理，照顾大多数人的利益，以较小的代价实现公平正义。虽然如此，但决不能以民主的名义剥夺少数人的发言权、申诉权，也不能轻易损害和牺牲他们的利益。

民主寻求以和平的方式约束公共权力，选举乐于为大众服务的领导，这是人类的进步。民主可以极大地保护公民权利，让公民享有人身自由、言论自由、经济自由。

重才与重财

竞争，离不开人才。“得人才者得天下”，刘邦是成功的范例。

干部的作用在于掌握政策与运用人才。其实，政策问题是自上而下，大政方针已定，要完善的只是细则。最难的还是如何用人。人才如同棋子，用好了就会全盘皆活，否则满盘皆输。

每个家庭能否发展，有无后劲，关键在人才。当前，许多人热衷于建高楼、买高档家具，痴迷于赌博，对培养人才缺乏应有的认识与力度，后继无人，必定富不长久。

“分外钱财汤泼雪”（俗语），财富很容易消失。目前富裕只代表曾经的努力。从发展与变化的眼光看，人可以改变一切，有技术人才，家庭才有希望。

尊重人才，要从尊重知识开始。

特 长

特长，是一个人或团队独有的优长，为他人所不及。

“人无完人”，曾国藩用人善用其长处。父母对子女的教育，要善于发扬他的长处。批评十句，不如褒扬一句。

“古来存老马，不必取长途”（杜甫《江汉》），老马无法日行千里，但“老马识途”，保存老马，不用其“力”而取其“智”。

孔夫子认为一个人五十岁差一天都不适合于读《易经》。人生阅历也是一笔无形财富。年轻人有的是时间，尽可以犯错误，还有改正的机会；有的是勇气，“初生牛犊不畏虎”（《庄子·知北游》），无知则无畏。但不可以因为这样犯大错误，要善用机会，好好地塑造自己。上了年纪，犯不起大错，经不住折腾，还是谨慎些好。“凡事要好，须问三老”（《增广贤文》），长辈人中一定不乏智者，亲近他们，多请教，一定会少走弯路，少吃苦头。

因为人各有志，人各有优点，彼此才可以互补，形成整体优势。向优势发展可以让人从中找到乐趣，最大限度地发挥自身潜能。

一个人潜能发挥得越充分，他作的贡献就越大。

迷　惘

“南朝四百八十寺，多少楼台烟雨中。”（唐代杜牧《江南春》）历史似一团迷雾，真相总掩藏在深处，人们看到的也许只是冰山一角。

时间是一把刻刀，总会把许多东西剔除掉，只有精华部分能够存留下来，供人学习、凭吊与反省。个体生命在历史的长河中不过一浮沤而已。

宋元易代之际，赵孟頫横空出世，他的襟怀与抱负，他的才学与卓识，都被他的书法所掩盖。人们只知他的书法造诣很深。因为他处于一个低谷之中，于是一枝独秀，他的理想是立足人间四百年，他做到了。明代的董其昌之所以有盛名，与他的作品数量大、传世多有关系。智永的书法直承于王羲之和王献之，但只留下一部墨迹《千字文》，未免让后人有扼腕之叹。

每个有成就的人都非常注重学习，重点专注于某一领域，毫不动摇。蕲春当代书法家陈新亚先生，起步早，坚持久，机缘好，见识广，以黄庭坚草书和鲁迅手札为练习重点，自成一体，成就斐然。近五十岁时，以退为进，辞去《书法报》主编，隐居于故乡的三角山，闭门苦练，将来一定有一个全新的境界。

许多人之所以迷惘，不是外界条件限制了他，而是没有找准参照物，没有亲近行家里手，没有在某一方面产生浓厚的兴趣。想得太多，欲望太杂，容易动摇，所以筋疲力尽，一事无成。

走遍天下路，吃饭与穿衣。基本的衣食一定要具备，踏实过日子，一定要在技术专业专攻的前提之下才有保障。

一味取媚于权力的奴性文化与无法无天的暴力文化，都无法保障每个人的权利。只有通过协商达成共识，约束公共权力，形成制度保障，才可以消除奴性文化及暴力文化带来的停滞与破坏。“不学无术”在任何社会都不会有“市场”。

迷雾再多也阻挡不住阳光。“他人有心，予忖度之。”(《诗经·小雅·巧言》）尊重、帮助、关心每一个人。总有一些人会创造出奇迹。

爱书乃读书人之本分

试想，如果读书人不爱护书籍，指望谁去爱护它？这有点像农民对待农具、工人对待工具、军人对待手中的武器一样，应该是一件自然而然的事，因为事关职责之所在，事关自己的安身立命。

清代学堂的大门口往往有“敬惜字纸”的条幅，警示莘莘学子要爱惜文明成果，不要随意乱撕乱扔字纸。甚至有些出家人专门捡拾字纸，然后把它集中焚烧，免得被人践踏。这种对文化的敬畏之心，实质上是对前人劳动的一种尊重。

正因为有了字纸的妥善保存，我们才有幸能看到几百年乃至几千年前人们留下的笔迹，这些不仅是书法学习的宝贵资源，也是中华传统文化的组成部分。上海新博物馆在开馆时终于花巨资（450 万美元）从美国购回北宋宫廷编写的《淳化阁帖》作为镇馆之宝。对传统的尊重与保护，其目的是以此作为丰厚的土壤，进行文化上的创新。

创新离不开传承。创新有理论创新、机制体制创新和技术手段创新，无论哪种创新都不可能凭空产生。“异想天开”，从来是作为贬义而存在，但没有“异想”，哪来“天开”？所以传承不等于封闭保守，也不等于一成不变，而是要有选择、有取舍、有扬弃、有引申生发，是为弘扬。每一个人既有继承的责任，又有发扬光大的责任。

六小龄童扮演的孙悟空为什么能在广大观众心目中生根？因为他一生与猴为伍，他一生一直在研究猴子，模仿猴子，对猴子的生活习性极为了解，他一门心思，只想扮演好“猴哥”这个角色，所以后人无法企及，谈何超越？

“物以稀为贵”（东晋葛洪《抱朴子·明本》），经济繁荣时得书太容易，只要有钱，就能买很多很多书，这恐怕也是读书人把书看“贱”的一个原因。

在对待文化上，我们要向以犹太民族为主体的以色列学习，广泛的全民参与的阅读可以陶冶情操、改变国民素质。国民素质高才有利于国家的繁荣与安定。

热爱书吧，它会让你增加快乐，淡化忧烦，减轻痛苦，提升境界，让你的生命更为丰富与充实，让你在现实世界之外拥有一个富丽堂皇的精神世界。

过渡性办法

公路转弯的地方或是路桥相接处往往容易翻车，其原因是驾车人在彼此衔接上出了问题，缺乏良好的过渡性。

上高楼要有台阶，而且须转弯；翻山公路要爬坡，必须走“之”字形，这些看似绕弯子的做法，实际上很符合科学。《孙子兵法》上有“以迂为直”的教导，直路在非常时期往往也是一条险路，“迂”看似很远，却时常能带来安全。

良好的愿望有时不会产生良好的效应，不是主观想法错了，也不是客观上有什么大的障碍，而是在环节的衔接处出现了“梗阻”。急于求成与无所作为是两个极端。无所作为就无法进步，无法发展；急于求成则容易“萝卜快了不洗泥”（俗语），容易产生浮躁与浮夸，容易激化矛盾，人为地增加一些阻力。

制度的设计尽可能立足长远，力求完美，但实施过程中还须有弹性。要让每个人都活跃起来，要增氧，要增加源头活水。活水才可以让生命更好地成长。过渡性办法运用得愈恰当，社会的活力愈能被激发出来。

少一点异想天开，多一点脚踏实地。多一点过渡性办法，多一点弹性机制，相信人，帮助人，提高人，改革可以少付出一点代价，多一分成功的把握。

人生犹如一场接力赛，每代人（每个人）跑好自己的一棒，是为了把它顺畅快速地交到下一代（个）人的手中。对于历史而言，每个人也只是一个过渡。奋力跑好属于自己的一棒，让自己少一点遗憾，让后人多一分欣慰。既要教人绣花，又要把针法教授给他们。如果子孙因为我们而太平幸福，我们就不枉到人间走一遭，就有价值、有意义。

中国文化软实力的代表——太极拳，看似绵软无力，实则柔中有刚，以静制动，以柔克刚，其招式之间的转换极为圆润，有人形容它雍容大度，如行云流水，这种巧妙的过渡实则蕴含着中华民族数千年的文化积淀，是至真妙道，是大智慧的体现。

我们要从太极文化中去感悟、去领会，去提炼方法，用以指导我们的生产与生活，用以历练人生。

水流大海不回头

相知是福，相聚是缘。

一个人所应得到的享受似乎是有定数的，挥霍则福报享尽，寿夭困穷。抓住机会，造就一番事业，则不枉来人世走一遭。

“时兮，时兮，不再来”（司马迁《史记·淮阴侯列传》）“一日难再晨”（东晋陶渊明《杂诗》），既然时光是一维的，不可逆转，那就应当格外珍惜，不可随意抛撒。

“记得少年骑竹马，转眼又是白头翁。”（《增广贤文》）人的一生，对时光的感觉并不相同，总的趋势是加速度推进。

“万金难买少年时”（俗语），时光犹如流水，不以人的意志为转移，所以，一定要让生命焕发出光彩，一定要因为生命的付出而让他人过得更舒坦、更自在。“随喜功德”，在成就他人的同时也成就了自己。

过去的事情不去想，不去说，这也是“不可思议”，因为思议于事无补，于人无益，只会徒增烦恼。

未来的事情充满变数，一切皆有可能，自有老天爷安排，不必过分操心。

身在哪心亦在哪，身心合一，享受当下！

良医胡品三

范仲淹说过，不为良相，则为良医。把良医与良相并列，说明二者都应具备高尚的操守。

历史上曾有季布一诺千金，胡公品三也是一诺千金。一笔过去近50年的陈年老账，他还认真地偿还，说过的话一定算数，这是他做人的准则。

胡品三先生精湛的医术救治了无数病人的生命。他的那种淡泊名利，认为“钱多害子孙”的认识更是远见卓识。对学术精益求精和对金钱的豁达态度，令人敬仰，值得学习。

《胡品三印象记》拈出胡品三一生中从医的几件小事，颇有代表性，以少总多，小中见大，过目难忘。

孔夫子是个啥样的人

电视剧《刘老根》里有这样一句歌词："刘老根呀，刘老根，你是一个啥样的人啊?"看了于丹先生的《论语心得》，我也提出一个问句："孔夫子呀，孔夫子，你是一个啥样的人啊?"

孔夫子是一个圣人。贤人爱自己，圣人知道爱别人。一提到孔夫子，人们的评价往往是：温、良、恭、俭、让，温柔敦厚、蔼然可亲、平易近人、温文尔雅、儒雅、宅心仁厚。

孔夫子是中国几千年来的一盏明灯，他的最可贵之处是成己达人、虚心好学。

他说，有十几户人家或十几间房子的小地方，一定有与我一样诚心向上的人，但不一定有我这样好学。他热爱知识，孜孜不倦地探求学问。"子入太庙，每事问"(《论语·八佾》)，凡是他不懂的，就一定向他人请教，不怕丢丑，不怕掉底子，不怕别人说他无知。

对于自己所不擅长的，他并不自以为是。别人问他种菜、种庄稼，他推荐老园丁、老农夫为老师，认为对于种菜、种粮食，他们比自己更在行。

他的学生中不少是成年人，所以他的教育方法主要是从精神上影响他们，诱导他们，师生之间经常平等交流。他不仅是知识的传播者，更主要的是精神领袖。

有一次，学生向他转述，别人问："你的老师是什么形象?"自己回答不出时，孔子这样说："你应该这样回答他呀，一用功读书，常常连吃饭时间过了都不知饥饿；一高兴起来，就把忧愁抛到九霄云外去了。他并不感觉到自己即将衰老!"

可见，他是一个乐天派，一个积极向上的人，一个勤奋刻苦的人。虽周游列国，屡经挫折，却没有对生活、对明天丧失信心，也并不悲观失望，更不消极应付。这种心态正是现代人在面对困境时仍然需要的。

一个没有文化的人，走不了多远；一个没有文化底蕴的民族，因为没有智力支持，没有精神支柱，没有信仰，没有理想，步子也不会迈得轻松，其发展的潜力无法释放出来，会丧失大好机会。

严慈相济育英才

有人说，棍棒之下出孝子，其实不然，棍棒之下更可能出逆子；有人说，慈母出孝子，其实未必如此，慈母也可能出败子，因为溺爱或放纵往往会导致事与愿违。严母出才子，历史上倒不乏其例。

据传，岳飞背上有她母亲亲手刺的“精忠报国”四个大字，他一直牢记在心，所以在生死关头，这位爱国将领宁为玉碎，不为瓦全，成为后世忠臣的典范。

欧阳修的母亲为儿子求学，想千方设百计，没有条件创造条件，用芦苇秆当笔，用簸箕盛沙子当纸，教儿子识字、写字。母亲谆谆教导，儿子孜孜以求。欧阳修后来成为唐宋散文八大家之一，被称为北宋文坛领袖。他在为官理政、诗词创作、历史编纂等方面均颇有建树。他做学问精益求精，活到老学到老，晚年仍不断修改、完善早期文章。老伴笑他：“又没有先生笑话你，为何如此用功?”他回答说：“不怕先生笑，就怕后生骂。”他这种精益求精、高度负责的担当精神值得后人学习。

“昔孟母，择邻处；子不学，断机杼。”(《三字经》)大家都知道“孟母三迁”的故事，为了给儿子创造一个较好的成长环境，孟子的母亲曾多次搬家，最后搬到一所学堂附近才算稳定下来。但少年时代的孟子求学也并非一帆风顺，在困难面前，他也曾萌发过退学的念头。母亲并没有过多地责怪与教训他，而是拿起刀一下子割断了正在编织中的布匹。这种壮士断腕般的断然举措，使孟子明白了求学决不可半途而废，否则，前面的努力就白费了。母亲的这一次无声的教育在孟子心中留下了永恒的烙印，成为他不断进取的精神动力。孟子的著作开了私人长篇著述之先河，此前的《老子》《论语》等文字不多，都系短篇。当然，这本书也有他学生整理的功劳，是师生共同努力的成果。

孟子所提倡的“贵民”“重义”，主张善养浩然之气，以及他所赞许的

“大丈夫”人格，历来备受推崇。孟子的这些思想对我国两千年来的历史文化产生了久远而深刻的影响。

有人说，严师出高徒，其实也未必，也有可能严师出“叛”徒；应该说，名师出高徒，如果师傅自己不明不白，极有可能以其昏昏，使人昏昏。那么什么人能培养出孝子？贤母出孝子，因为榜样的力量是无穷的。“入观庭户知勤惰，一出茶汤便见妻；老父奔波无好子，要知贤母看儿衣。”（《增广贤文》）贤惠的母亲对小孩子的教育都很尽心，很负责，也很细致。

慈母对孩子的疼爱自不必说，为什么孩子会不听话，不孝顺，不成器呢？《三字经》上说，“人之初，性本善；性相近，习相远”。人的本性也许并不坏，但人的习性由于后天环境的优劣则有好坏的不同。所以，本性相近的人，习性可能相差很远。习性很容易受外界环境的压迫或诱惑。“苟不教，性乃迁；教之道，贵以专。”假如一个本性不坏的人不接受良好的教育，那么他的这种本性也会由于环境的作用逐渐为习性所取代。所以父母、老师教育的标准，贵在言传身教，以身作则，对生活和学习习惯方面的要求始终坚持一个标准，一个底线，引导他们向上走。

严母出才子，大略如此；慈母同样可以培养出才子来；最理想的母亲是严慈相济。太严，要求太苛刻，逼迫太过，也可能适得其反，所以，严应是严格而不是严厉。母亲太慈善，则容易对子女放松要求，放纵不良行为，养成不良习惯。家庭与学校应该有一个大致的分工：家庭的主要任务是培德，养成一个人良好的品性，教会子女做人与做事；学校的主要任务是育才，养成一个人谦虚好学、积极上进的良好学习习惯。好习惯让人终生受益。

严母出才子，离不开父亲的配合。父亲与母亲在子女教育上相互支持，严慈相济，更有利于子女的顺利成长。父母是子女人生的第一任老师，所以言传身教当中，身教更重于言教，孩子会照着父母学，因而父母的一举一动、一言一行应当谨慎：“心术不可得罪于天地，言行要留好样与儿孙。”（《增广贤文》）

学生知识水平的提高，离不开老师的循循善诱，耐心辅导。老师教书育人，责任重大，一定要认真负责，千万不可误人子弟。

老师对待学生也应该像父母对待子女一样，严慈相济。老师严慈相济，学生顺利成才！

杂记杂谈

年年岁岁一床书

——我的朋友余子鹏先生

我的朋友余子鹏先生是边工作边学习的榜样。他的儿子余洋已经上小学，他一边在湖北教育学院教授高等数学课程，一边在华中科技大学师从著名的经济学家张培刚先生（1948 年哈佛大学毕业）攻读经济学博士学位。余子鹏先生本是学数学的，可他最感兴趣的却是经济学。大学专科毕业后他曾在两所高中和一所中专教数学。一个偶然的机会，他被调到一个山区乡镇教育组负责小学和初中数学的教学指导工作。他在从事数学教学和研究的过程中，见缝插针，抓住点滴时间补习英语课程，啃那一本又一本厚厚的经济学教材。每年阅读的英语和经济学专著不下二十公斤，他的那点微薄的工资除了吃饭，全部用来买书读。有时还托熟人千方百计地借书来读。只要放了假，他就足不出户，在书房里一呆一整天，直到五支钢笔的水写完之后才上床睡觉。就是凭着这种刻苦的精神，坚持自学，他的英语和专业有了长足进步，终于一头扎进了经济学领域，从武汉理工大学经济学专业获得硕士研究生毕业证书。他当初考入理工大时，基础并不算好，因为研究生中不少人是经济学科班出身。参加工作后重返大学校园，他格外珍惜来之不易的学习机会，因此特别勤奋。随着他学业的不断进步，导师对他的要求也更加严格，培养了他严谨细致、独立思考的治学风格。每逢专题研究的时候，导师只是每周与他见一两次面，询问一下他的思路与资料收集情况，给予三言两语的指导。起初，他也怪导师那么保守，不愿意多说。后来，论文写出来了，导师才说出他的真实意图。导师解释说，当初不多讲是怕影响了他的思考方向，以致形成限制。他的毕业论文是研究中国劳动力市场的，有两万余字，其核心部分七千字已交付杂志社，即将发表。此前，他已在《江汉论坛》和《学海》上发表过经济学论文。谈到导师对他的培养，他充满感激之情。他为了建立一个经济学模型，并用这个模型来分析中国劳动力市场，收集了庞大而复杂的数据，用电脑算了好几天，终于得到比较理想的结果。毕业论文答辩时，他的论文因为见解独到、论证严密被评为优秀。

余子鹏的书房里到处都是书。我曾送给他两句话："年年岁岁一床书，岁岁年年有进步。"他那种永不满足、不断进取的精神永远值得我学习。

祝愿他在华中科技大学校园里再创佳绩，更上层楼。

(补记：余子鹏早已读到博士后，现任武汉科技大学教授。爱子余洋于 2012 年 6 月参加高考，夺得武汉市理科状元，被清华大学录取。可见，余子鹏、陈叶林夫妇教子有方。陈叶林高中学历起点，通过不断刻苦攻读，也拿下博士学位。这是一个"学习型"家庭。建设"学习型"社会，就应该从建立"学习型"家庭开始。当然，还有"学习型"社区和"学习型"组织。)

我所认识的张舜徽先生

早就想写一写张舜徽先生。

先生的学问到底有多渊博，我说不清楚，有等身的著作可以查阅，自不必赘言。这里说说我所知道的几件事。

一是著作颇丰、学术成果备受世人推崇的北京大学教授杨伯峻先生（近代著名学者，文言工具书《词诠》的编者杨树达先生之侄子）与张舜徽先生因是湖南老乡，所以杨伯峻先生从湖南返回北大路过武汉时，曾以同乡晚辈的身份拜访过张舜徽先生，并向他请教了一些学术上的问题（这在杨先生的著作中也有记载）。

二是20世纪80年代，华中师范大学历史系有两名教授，一位是辛亥革命史研究专家章开沅教授（后来担任了华中师范大学校长），另一位就是张舜徽先生，不少有志青年报考华中师范大学历史系就是冲着这两位教授而去的。

三是香港中文大学曾聘请内地知名学者讲学，张先生曾与《红楼梦》研究专家俞平伯先生（曾与朱自清一同游览南京市的秦淮河，并写下同题作文《桨声灯影里的秦淮河》，被称为现代散文的“双璧”）同机前往，受到香港学子的热烈欢迎。

四是武汉（汉阳）古迹“晴川阁”修复，请张先生写文纪念，先生高兴地用骈文体格式写了《晴川阁修复记》，语言优美、生动而不失古雅。

五是在《一位没有文凭的历史学家》那本书中有一段文字，先生谈到他撰写《说文解字约注》① 的大致经过，他说历时三年，写秃几十支毛

① 张舜徽先生的《说文解字约注》的繁体版已于2009年由华中师范大学出版社出版。（编者注）

笔，终于以影印出版，书有好几斤重。华中师范大学图书馆里有收藏，拿在手里有一种沉甸甸的感觉，使人感觉到它的分量。

六是有一年菊花怒放的时节，华中师范大学举行书法展览，武汉市及湖北省的不少知名书法家，或拿出作品，或现场献艺，真使人大开眼界。张舜徽先生在图书馆前现场写了一幅字，他写的是篆书“为有益事，读无字书”。印象最深的是有一滴墨掉到宣纸上，我们很为他担心，会留下瑕疵，可他却在写字时，安排一个笔画恰要从墨点经过，巧妙地把这个墨点盖住了，我看了极为惊奇。因为我就站在他的身边，他一写完，我当即随口念了一遍，他微笑地看着我说：“说说你的理解！”我是初生牛犊不怕虎，不知天高地厚，当时说：“为有益事，就是做好事；读无字书，就是读生活、社会这本大书。”他微微点点头，表示赞许。

七是旁听他的研究生论文答辩，记得题目是关于古代的赋税制度研究，当时出席答辩会的评委之一是著名学者、南京大学的程千帆教授。当时旁听的人真还不少。

八是张舜徽先生每天有散步的习惯，早晨在校园顺时针转一圈，傍晚逆时针转一圈。我是每天坚持跑步，转的圈子刚好与他方向相反，每天在路上总要碰到两次，也偶尔停下来坐在路边闲聊，如为什么《说文解字约注》要用影印本。我说影印本好，因为保留了手稿的原貌，只是这本书太厚太重了点。他说你慢慢看吧，一点一点地啃，你会弄懂的。他还说身体很重要，它是革命的本钱，你能天天坚持跑步，这很好。因为熟识了，所以我买了两张宣纸，想麻烦他写点什么留作纪念。同室好友问我买宣纸有什么用途，我如实相告，结果被他们裁去四分之三，我只剩四分之一。他们和我一起去找张先生。他住在校园西区的一幢平房中，有一个小院，进门走廊上挂有先生放大的黑白照片，好像是每隔五年或十年一张。他的书房陈设简单古朴，玻璃门的书柜内是码得整整齐齐的线装书，桌几和坐凳的面子都是镶着大理石。听我们说明来意后，他让我们每个人写一张纸条，留下姓名，交代过两天来取。过了几天，我们高高兴兴地去拿。每人一幅，他们几个的作品字数多，字体小；我的一幅是横幅，结尾有一行小字：“一九八七年六月汪金权同志嘱书”；盖有一枚朱文首章：“家在洞庭之中”；两枚尾章：白文（阴文）的“舜徽印信”，朱文（阳文）的“颜翁书法”；中间的大字是“读书多，积理富”；并解释说盖章一是存真，也是防止在装裱时被裁去太多。

哲人已去，手泽留香！

“意态由来画不成”（宋代王安石《明妃曲二首》），我与张先生交往不深，对先生的理解也许是管窥蠡测，但并不妨碍我对他的崇敬与怀念。

二十年弹指一挥间，先生的音容笑貌时时浮现在眼前。惜先生已于1992年作古，好在“手泽留香”，每看一遍都是一种激励与鞭策！

我的老师彭声洪

彭声洪先生做人做事一向低调，这大概与他的出身不无关系。因为他在江西老家的小镇上的房子早已被没收，他也一直没动过要回的念头。兄弟姐妹们云散各地，有的在太原，有的在大连，而他却大半辈子生活在武汉。退休时，学校承认他是副教授的职称，在这之前，他有相当长的一段时间只是一个讲师。

他的涉猎面还是挺广的，但专注和用功最多的还是中国古代文学，尤其是先秦文学的研究。他给我们开选修课之前，有 8 年时间是在编写一部工具书，这就是后来出版的收单字五万多个的《汉语大字典》，这部书耗费了川鄂两省数百名学者的心血，这项工作需要的是耐心与细致，可他却风雨无阻地按时上下班，硬是坚持直至完成。在这部书的庞大编委队伍中，他有一席之地。

他教我的选修课程是“《诗经》选读”，听者寥寥。绝大多数同学选的是唐诗、宋词或元明清小说。我想这可能有几方面的原因，一是《诗经》本身有些古奥难懂的部分，甚至连字都不认识，读懂有相当的难度；二是它的年代久远，时空的跨度大，有些人对它不感兴趣；还有就是彭老师的普通话不太标准，带有浓重的江西方音，比如他说后脑壳痛，就说“屁股脑壳痛”或者“脑壳屁股痛”，让人听起来有些费劲。

但并不能因为选修人数少就认为他的授课质量不高，因为大学生对老师的评判也相当程度上与老师的口才相关，对于老师学问的深浅，学术水平的高低，则是缺乏真正的了解。与他同时代的人，他的同行中，有的人一年或半年，甚至三个月出一本书，高产的人不少。我曾问过他，你的论文为什么写得这么少？他说，论文并不是靠数量取胜，要靠质量立身，论文是学术生命的载体，其间应有学者的人格。还说旧中国的许多教授一辈子就出那么一本书或者一篇论文，但学校并不认为他不合格。他认为教授首先是一个老师，然后才是一个著作者。他引用王夫之的话表明他对《诗经》研究的态度：“六经责我开生面，七尺从天乞活埋。”学术质量比生命还重要，这就是他的治学标准。

他对学问是很用功的，每晚书房的灯总要亮到十一二点。为对《诗经》进行研究，他自己反复诵读，少数篇目他还唱读，他还说古人原本是唱诗而不是读诗。并对所有的篇目进行分类，如抒情的、叙事的、写景的或历史诗、农事诗等。当时一般的古典文学老师讲《诗经》只是大力推崇“国风”部分，普遍认为“雅”“颂”部分价值不高。彭老师认为，中国没有找到长篇史诗之前，《诗经》中的“雅”“颂”是最为可靠的史诗。

他告诫我们，读诗还要读史，文史不分家，文史哲不分大家，这样视野会更宽阔，理解会更深刻。他说过，没有《诗经》就谈不上唐诗宋词。他还教给我们证明观点的论据要注意“内证”，然后才是“旁证”，他对于当时的学者只重“旁证”，轻视或忽视“内证”颇为不满。

他要发表论文并不困难，找他约稿的并不少，可他从未这样做。他毕业于抗日战争时期的“西南联大”，听过钱锺书先生的英语课、朱自清先生的语文课。1963 年版的四卷本《中国文学史》的编者之一季镇淮先生就是他西南联大同学。两人曾在武汉大学的一次学术会议上重逢，他曾直言不讳地就文学史表明他的不满。季先生听了以后，只好无可奈何地说：“我也不满意，但力不从心，有什么办法！”

不要认为彭老师长年钻故纸堆就认为他老古董。他的英文功底在当时是不少人难以企及的，他曾无数次翻读美国女作家玛格丽特·米切尔的《飘》。书页有些泛黄，硬纸壳封面磨得有些破旧，但他仍爱不释手。这部小说曾被改编成电影《乱世佳人》，1939 年获得第十二届奥斯卡八项金像奖，轰动全球。

他对我说，他晚年最重要的论文是《〈诗〉三体平议》，全文一万多字，《华中师院学报》分两次连载。他问我读不读得懂，我如实相告：似懂非懂。他笑着说，这是实话。我当时参考的是山东大学袁枚先生的全译本，并且认为余冠英先生的译文也相当不错。他推荐我看复旦大学陈子展先生（余冠英的老师）的著作，他认为陈子展先生是真正懂《诗经》的人。

针对我兴趣太广，求学不专，他引用《汉书·辕固传》说，“食肉不食马肝，不为不知味”，人生有限，学问还是要专精。

他是一个视学术质量为生命的学者，一个和蔼的人师。他说过去是“经师易得，人师难寻”，现在要找一个“经师”恐怕也不容易，他指的是对《诗经》乃至十三经的研究，这大概与“五四”以来废除读经有些关系吧！

对于可敬可爱的彭声洪老师，我想引用一句歌词来作结：“谢谢你给我的爱，让我度过那个年代！”

《蕲春文史》这五年

只知道蕲春是李时珍的故乡，但对李时珍的了解并不多；只知道蕲春是全国闻名的教授县，但教授分布在哪些地方，他出生在哪个镇（乡）、哪个村，知之甚少；只知道蕲春地处吴头楚尾的鄂东地带，但历史上发生过哪些可歌可泣的动人事迹，也很茫然；只知道蕲春是个地穷人杰的地方，但历史上除了李时珍之外，还出现过哪些不平凡的人物，还真说不出几个；只知道新中国成立以来，蕲阳大地发生了翻天覆地的巨变，但这期间蕲春人民所经历的甘苦，成功的经验，失败的教训，我并不清楚。土生土长的蕲春人对本地的了解尚且如此不够，更何况远离故土，生活在外地的人呢？我曾经以为蕲春人不了解蕲春，实在是个遗憾，也是一件令人惭愧的事情。

好在情况到 21 世纪有了转机。我有幸参加了人民政协这个统一战线组织，有了更多机会去接触各种人物和去各种地方调研民生状况。参加第八届政协之后，有幸结识了政协办公室主任李泓老师，并一期不落，逐字逐句拜读了他所主编的五本书：《我的百年人生》、《乡村地名史话》（此书重版后作为礼品书，制作更为精美，内容更为丰富）、《亲历新蕲春 60 年》、《政协委员竞风流》、《纪念辛亥革命一百周年、纪念中国共产党建党九十周年、纪念蕲春县政协三十周年》。

这几本书均名为《蕲春文史》，封面以大红或枣红为底色，洋溢着一种喜庆的气氛，“春”字之一撇，用绿色，表现了蕲春这个地方的生机与活力。整体上给人的感觉是昂扬、大气。而每一期的要目与专题名称又设计在一卷几乎展开的竹简上，给人以一种历史的积淀与厚重的感觉，也格外引人注目。

由于作者来自不同的行业，不同的部门，还有一些身居外地，而政协主席办公会规定必须在每年初的县“两会”之前印刷完毕，因此，组稿、统稿、校对的时间非常紧，任务很繁重。但许多乡镇完成得不错，蕲州镇投稿较多，因为这里曾是重要的沿江码头，是著名的荆王府和李时珍陵园所在地，所以，镇政府对政协所编的文史资料相当重视；青石镇是著名的国学大师黄侃故里，从政府到所有政协委员，都积极动脑动手，写出了不少高质量的稿件；株林镇特约文史员孙锦，身兼数职，在繁忙的工作之余，对株林镇的文史遗存作了全面摸底调查，为了弄清陈细怪的真名，多次查阅株林陈氏家谱并三次勘察陈细怪墓碑，终于弄清了陈细怪的真名。像这种对蕲春文史极为重视并愿为之付出的同志还有很多，不少人虽已退居二线，但仍乐意担任政协特约文史员，每本书上都有名字，在此不一一介绍。他们都是政协文史方面的不可多得的人才，是一笔宝贵的财富。对他们的贡献我作为一个读者、一个政协委员，表示发自内心的尊重与敬佩。

“吟安一个字，捻断数茎须”（唐代卢延让《苦吟》），《蕲春文史》的主编李泓老师，不负重托，不负厚望，每本书是一改再改，精益求精，常常是数易其稿。为了赶稿，熬到深夜已是家常便饭。由于他的全身心投入，由于他的超常付出，该书从内容到形式，从数量到质量，一年一个台阶地向前迈进，得到了全国政协和省市政协相关领导的充分肯定；也得到了百万蕲春人民及生活在外地的蕲春人的肯定。当然，这些成果的取得，与政协陈主席等政协主席的重视分不开；与县委、县政府要建设文化大县的战略举措分不开。

八届政协虽然只有短短五年，但蕲春大地经受了各种困难的考验，《蕲春文史》忠实地记录了广大蕲春人民战天斗地的英雄气概和与时俱进、不断创新的进取精神。

在“存史、资政、团结、育人”，尤其是“存史”与“育人”方面，过去五年，《蕲春文史》功不可没！

“万里家山一梦中，吴音渐已变儿童。”（苏轼《秀州报本禅院乡僧文长老方丈》）时光流逝，世事沧桑，人的感情也在变，但对父老乡亲和故土的怀恋，不仅不会因此而淡忘，反而会更加强烈，真可谓“天涯地角有穷时，只有相思无尽处！”（北宋晏殊《玉楼春·春恨》）

愿《蕲春文史》越办越好，成为联结海内外蕲春儿女的纽带！

壬辰病床杂记

2012 年 7 月 12 日

长辈的关心比同辈与晚辈更可靠，因为水往下流，父母对孩子的爱是出于自然，不计回报，手疼脚摸不到，脚疼手摸得到。

人不可有野心，但不可无雄心。

吃得苦中苦，不一定做人上人；不吃苦中苦，难为人上人。

孔子五十岁学《易经》；人五十岁差一天还是糊涂虫。国家领导人一定要年龄达到四十五周岁才有资格入选，这很有道理，也许只有到这个时候才能慢慢稳定下来，有更多的理性思考，能冷静应对复杂局面。

要学会韬光养晦。不能处处出击，四处喊“打”；要学会寻找“共同利益”。凡事先从对方去想，然后才考虑自己，容易相处；凡事以“自我”为中心，往往会到处碰壁。

不谋全局者，不足以谋一隅。

凡事预则立，不预则废。不要等到大火蔓延，火势冲天才去救火，最重要的是防患于未然，把它消灭在萌芽状态。

一个问题如果只有一个对策，那也许成功率很低，因为一旦此路不通，那就完了。所以要有三个对策，可供选择。太多了，也许是智力浪费，三个就够了。

关于上下级关系，下级不要老是去表功。下属要学会到领导前面去认错，去汇报自己的过失，汇报自己的不足之处。但在实际工作中要拿出切实有效的措施，努力做好工作，真正为领导分忧。学会为领导分忧这是做下属的最重要一条！

功劳由别人去讲。

一个成功的人，不仅仅会做大事，能力强；他的那种善于“过渡”，善于铺垫——明修栈道，暗度陈仓——未必是他人能学得到的。

会过渡的人不一定成功，成功者都善于过渡。

一个人要去求人，要去找人办事，千万不可学关公“单刀赴会”，因为关公是威名在外，无人敢公开反对他。最好是带两个相关的或者陪伴的人一起去，三人有智慧可商量，有一种“派头”，人家也不好拒绝。人少了，派头不足；多了，对方接待有难处，去一回人家就“怕”了。

古人云：“病从口入，祸从口出。”人要健康，说简单也简单：“闭上嘴，迈开腿。”少说闲话，多走路，多运动。

世间事往往求之不得，不求而得。个中原由，真的是耐人寻味，也许要用一辈子才会明白这个道理吧！

人在健康的时候，也许没意识到身体是自己的；只有生病痛苦的时候，才意识到，才明白原来身体（也许只有身体）才是自己的。

一个成功的领导者，决不会被身边几个人乃至同行的人蒙蔽，一定要多听一些陌生人及与本行业无关人士的意见，由于没有利益牵绊，他们往往会讲真话。领导者听不到真言，整天听的都是假话，那就非常危险了。

领导者上台前信誓旦旦，作出一些庄严承诺，上台之后情况变化会很大。也许是出于无可奈何，也许是出于得意忘形，所以往往走向反面，甚至完全抛弃了自己的承诺。丢掉了理想，被现实吞没，非常可悲！

不能光给他人出“难题”。尤其在上级面前，只管发牢骚，只管讲这问题那问题；问到对策，一个也无。那么这样的谈话十有九次会失败。要学会先摆出问题，然后提出自己的解决方案，要有可行性，这才是建设性意见。

出“难题”与读书多少无关。许多人别看他读书不多，水平不高，出难题的本领那才叫人“佩服”，十个“聪明人”也未必能解答出来。这些人多半是只顾自己，不管别人的人！

“说到钱，便不亲。”也许有许多无奈，因为许多事缺了钱就办不成。

“这不是钱（不钱）的问题”，也许这恰恰是钱的问题；“这是钱的问题”，可能恰恰钱不是其中的主要问题。

金钱不是万能的，没有它又是万万不能的。

“钱”字，左边是金子，用好了，可造福；右边是两把“刀”，既会割伤他人，也会伤到自己，用不好还会招“祸”。

对于体育，固然要动用全民的力量，政府的力量，国家的力量去摘金夺银。但仅为竞夺第一、二名仍然不够，对于体育运动会，要学印度重在参与，不刻意去追求，能拿到什么名次就什么名次，没有好成绩也没什么压力。

对于乒乓球运动的发展，要学美国篮球——职业（篮球）俱乐部。俱乐部各自独立，有组织训练与比赛的自主权，这样也许能使这个项目遍地开花，全面丰收。

体育运动项目要想长盛不衰，就不能只盯着拿过“金牌”的那几位运动员，并把“宝”押在他们几个人身上。这对他本人是压力，对他人同样是压力；前者的压力是输不起，后者的压力是出不了头。

所以，一方面要培养新人，相信新人，不断推出更多的人才；另一方面瞄准对手，仔细研究对手的弱点（与优势），高明的选手是瞄准对方的弱点，发挥自己的优势，在技术上不断创新。“新人”加上“新技术”才是立于不败之地的关键。

2012年7月13日

科学发展观中“统筹兼顾论”说起来似乎大家都认可，但在实际操作中各个部门、各个行业、各个地方，往往只从自身利益出发，只顾为己，不顾为人，拆东墙，补西墙，牺牲他人利益，最终彼此伤害，以牺牲整体利益为代价。

从前国有林场的森林有不少的防火带。现在山上没有了这个隔离带，所以一旦发生火灾，只有烧光了才会熄灭。交管部门严查“酒驾”也是为了预防事故发生。

为了表明政绩，地方政府做了不少的形象工程。为了山头十几户人家修上了20里的水泥公路，其实如果为了便于脱贫致富，为了保护耕地与森林，大可以在山脚下给每家做一栋楼房，也许代价小得多。一时的发展是以减少退耕还林为代价，沿山修公路对山体造成的破坏，会埋下山体滑坡和形成泥石流等重大灾害的隐患，往往得不偿失。办法：加快城镇化建设；出台完整的科学治理方案。

大山中不适宜调整产业结构，如砍伐树木种茶叶，种药材，种果树；除草，打除草剂；由于树根、草根腐烂，土壤松动，容易垮塌。在平原丘陵地区可以调整产业结构。产业结构调整决不能一刀切，决不可全国学大寨那样不顾地区特点，盲目跟风。

各地不平衡是事实，政策要具体化、系统化，不可死搬硬套。少做点得不偿失的事，中国也会稳步发展。为了面子工程，会导致地方发展的落后与倒退。不灵活，不会结合实际理解和运用政策，忽视客观条件，违背自然规律，机械地理解与贯彻上级政策，势必得一时之利，留无穷后患。

传统产业的升级改造不能用老办法、土办法。要降低成本，必须进行科学化、规模化生产，同时要节能降耗。走向机械化、工业化是传统手工业的发展方向。关于资金来源，可以引进、融资、合股。总之要有一定的规模才会打开市场。

政府要科学引导产业升级，并乐于接受成功企业家，科学的制度设计会激发无穷的活力。

传统产业由于缺少分工导致成本上升。分工模式要进行创新，要用现代企业的精细分工，尽可能调动各个阶段的不同人员的积极性。只有做出品牌才有可能打入市场，辐射周边，走向全国。

企业改造要有规划，原料、选址、规模、污染、产品出路都要考虑到。首先要有准入门槛，科学规划才会持续发展。总之，一定要先有计划，决不可盲目行动……

好政策为什么在一些地方没有带来好的效益，因为没有“好钢用在刀刃上”。没有改善和扩大生产，只是做了一些与改善民生，尤其是发展生产无关的形象工程、面子工程，毁坏了生态。不算生态账，不算长久经济效益账。

调整产业结构是有条件的。各地在落实政策时，也要因地制宜、灵活运用。

与上级保持一致，重在领会精神实质，对政策要活化，不能僵化。

要学会试点，要学会衔接与沟通；否则面对好的战略战术，由于上级与下级、方针政策与地方实际脱节，于是做了许多顾此失彼，甚至是相互矛盾、相互损害的事，根本原因还是缺少统筹兼顾。

要会透过现象看本质，要会抓主要矛盾。只顾眼前利益，只顾自己左冲右突仍然困难极大；结果是一损俱损，前功尽弃。国家要千方百计创造条件，以服务为宗旨，努力减少程序，提高效益，工作要做到位。政策要配套，执行要真正到位，必须从实际出发，实事求是。

如果不调动地方积极性，不调动人民群众积极性，没想到把地方搞活，把基层搞活，没想到让地方生血、造血，一味地等待别人来输血，这样的思路肯定是苟延残喘。地方政府要科学引导，严格制约，才能真正促进地方发展。

忽视了根基，忽视了人民群众，势必如巨人安泰脱离大地一样，逃不脱失败的结局。

当前基层干部中的主要问题是眼光只盯着上级，总想着向上级要钱……如浮萍无根。

经验有地域性与局限性，不能无限推广与放大。江浙经验不一定适宜于黄土高原，大寨模式不一定适用于广东。土壤的酸碱度不同，所含元素比例不一样，施用化肥和种植品种也应该不一样。

学经验重在学习一种精神，如创新精神，艰苦奋斗精神，决不能脱离实际盲目照搬他人的做法。

真理经得起实际的检验，人们才会服从真理！要坚持真理，必须实事求是。

创业之前一定要算账，不能把血汗钱往水里投。不看准就投资，这是败家子的行为。有的当权者因为败的不是自己的钱，所以不心疼。有许多人不在本地工作，即便有什么差错，大不了拍屁股走人；如果是本地人负责，考虑到老来归宿，也许会有所收敛。所以干部交叉任职有好处，也有弊端。

有许多问题是一根链条，环环相扣，不能脱节。一旦脱节，会造成全盘崩溃，一损俱损。

爱有大爱。消灭战争，实现长治久安；百姓富裕，生活幸福；用好政策与法规保护成果，促进发展。这才是人间大爱。同情爱护弱者，救济贫苦的人们，这也是爱，但还不是真正的大爱。

一块地不长庄稼势必长草。农民无处打篮球、乒乓球、台球，无处练书法，也无处看书；玩乐成为一种经济行为，成为一种消费与负担，于是就只好打麻将。

要在社会主义新农村建设中建立乡村俱乐部，在改善民生上做些无偿投入，让人民群众在休闲、娱乐上尽可能找出路，疏通渠道。一味查赌、抓赌，一味打击，肯定行不通。治水最好的方法是疏而不是堵。

职业学校对国民的培训要灵活，参训人员可以进出自由，费用应由国家买单。实习至少应占一半时间。一个人用在健身、读书、钻研技术上的时间多了，就没有时间去打麻将。娱乐是一种需要，应合理引导和逐渐满足这种需要。如提供一些健身场所，让想锻炼的人有一个好去处。

解决问题要多从源头着手，河流的上游、中游若有洪水与污染，势必对下游产生不利的影响。

如果就医价格昂贵，或者即使价格不贵但由于医术不高治不好疾病，老百姓就有可能信巫不信医，去求神拜佛。法制不健全，保障不到位，各种不正常的现象才会层出不穷。

学校多了，老百姓子女才有更多的求学机会。新中国成立前许多人所受教育那么少，与当时教育资源不足有关。学校数量少，许多人没有求学的地方，于是接受教育的人只是少数（根本原因是生产力水平落后，社会动荡不安）。

对话有两种方式：一是谈判式，努力置身于对等的位置，以一种庄严的方式进行，原则有余，灵活不足，尤其是不愿主动做出让步，总想主动压服对方。二是谈话方式，以一种商量的口吻，只谈感受，只摆事实，不作详论，这种方式对方更容易接受。

要想成功，与人谈话时要多用商量的口气，不要动不动拿原则去压服人。自己智慧不足才会埋怨他人觉悟不高。

任何同盟、任何组织都不是铁板一块，所以建立一对一的双边关系，也许是各个击破的最好办法。长久交往的前提并不是一味强硬与对抗，而是寻找与巩固彼此的共同利益。

人越有“作为”，地质灾害越多。如果大家只满足于救灾，而不去反思与改变这种与自然斗争的行动方式，自然灾害只会愈演愈烈。自然界是家园，是伙伴，一定要对自然界有敬畏之心。尊重规律，保护自然，实质上是保护了人类的根本利益。

建设性工作要一点一点地去做，要有耐心。如要恢复绿水青山，没有十年以上的时间，难见成效。这也应了一句话“十年树木，百年树人”(《管子·权修》)。

老百姓的民事纠纷之所以得不到解决，与基层社会组织发展不足有关，与基层干部无所作为、一味沉湎于玩乐有关。百姓自身处于弱势，缺乏实力，无法靠自身实力解决问题，于是给了一些黑社会和恶势力以可乘之机。基层政权有作为，社会组织健全，百姓的诉求可以及时得到回应，社会的黑恶势力自然无生存的土壤。

个人势单力薄，只有组织起来，联合起来，团结起来，才更有力量。

穷文富武。要想从事文学，以写文章来养活自己，在目前很不现实。只有在子女已成家立业、长辈能养活自己的情况下，才可以安心写一点东西。

历来的聪明人，尤其是聪明的文人难有好下场，明朝的方孝孺，清朝的金圣叹、戴南山都目光敏锐，才气过人，但都连自身性命也保不住。

舞文弄墨并不是想象的那么容易！

美国每一万人拥有一座图书馆，美国还有许多世界一流大学。充足的教育资源吸引了全世界的留学生，加上美国自己的优秀青年，所以美国的人才数量与质量占据着极大优势，这也是美国强大之所在。

有经济实力作后盾，才能办好教育事业。随着中国的和平崛起，中国的教育事业一定会有一个蓬勃发展的黄金时代。

邓小平先生一手抓建设，一手抓法治，这是一种行之有效的强国方略。

要想做成事，必先选对人。如果选错了人，不仅做不成事，反而会留下许多后遗症，成事的关键在用人。

掌门人要低调如宋江，手下人要如李逵那样勇猛。刘备结识关公与张飞，也是一种需要，一种乱世的需要。刘备身边若没有武将只有文人，谁听他指挥！这就是江湖。

君子谋道不谋食，忧道不忧贫。从正面讲这是一种超越物质功利、追求真理的人生境界。从另一面讲，也许只有解决了温饱，脱离了贫困，才能从容地去践行人间正道，才有更强的能力去帮助他人。

如果自身难保，救别人岂不是空谈？话语权并不是凭空产生的，要以实力作保证。

国与国的面积为什么那么不同，那么不匀？不是联合国规定的，是由彼此相邻的各国实力决定的。由于历史是永远变动的，所以，国与国的边界也在不停地变动。政治、军事、经济、文化各种因素加在一起，构成一种软、硬实力，推动着历史前进。

聪明人不生事、不造事，不惹事，但也不怕事；而是充分利用现有的条件，克服困难，顺应规律，耐心干好分内的事，努力与他人沟通，合力干成一些单凭自己个人力量做不到的事。时间会证明一切，也会改变一切，不在时光中虚过，也算不枉活几十年。

2012年7月14日

最好的医院是厨房，最好的医生是自己，最好的药物是青菜……

小孩子得的奖状，没必要贴满墙壁，只贴最近的一张，其余作为资料收藏起来即可。因为，这一切毕竟代表过去，没必要太张扬。

领导阶层特别喜欢没有政治头脑的人，喜欢对自己的利益没有任何威胁与损害的人（更让人放心）。选举产生的代表大多是“好说话”的老实人。看似不会做主的人，事实在某个领域让人信任，“无为”是让更多的人有作为，大家都无戒备之心，那就非常信任他。

不能让人反感与防备，要和平相处，谨守中庸之道，不搞派别之争。

做好本分工作，与自己不相干的事情不要去管，不要陷于争权夺利之中……

2012年7月15日

一把手要慧眼识人，必须更多地考虑集体利益，毫不计较个人利益，要在事业中发展自己。如果想兼顾团体与个人，患得患失，那工作效率会大打折扣。只有把压力转化为动力，才会更好地推动工作。

说话投机并不等于没有分寸，有时是逢场作戏，没必要假戏真做。无论什么样的人，都应该与他打交道，人都要面子，没必要当面揭穿人家的底细，哪怕对方吹牛也不妨容忍，因为既不犯法，又不犯罪。说话不交税，说好话更不用纳税。

多说好话，对任何人都没有损害。好话不要钱买。

只有退休的人压力小些，压力交给了儿女，可以享一点清福。

社会对人公平，老天对人也公平。子女不想让父母操心，但父母对子女不放心，自然而然地会担心。父母对子女教育付出较多，子女的回报能力也强些。

社会的发展与进步，有时是不可思议的，以前看一场电影很困难，现在电视电脑早已普及。以前文盲很普遍，现在研究生人数不少，不少人还出国留学。许多变化是从前想都没有想过的。

人固然会受各种干扰和影响，但不能忘掉本分，做好本职工作是安身立命的基础。

一心扑在事业上，把全部精力都投入到工作中，超常的付出会有额外的回报。

本分人做本分事，只要专注，总会有收获。

真诚待人，微笑待人。

多站在对方角度考虑问题，多考虑别人的感受。只有自身条件具备才能抓住机遇，改变命运。

人与人之间应该互相帮忙，彼此支持。别人有困难时一定要热情地伸出双手，只有这样，自己有难处才会有人解困。

年轻时用生命换钱；老了，病了，用钱换生命。做事不可应付，也不必拼命。留得青山在，何愁没柴烧？

如果没能力做好事，也不要去干坏事。要有一种良好的心态，多想想自己的收获，少想想自己的付出。

孩子如果争气，就一定会慢慢理解父母。如果教育遇到困难，父母一定要想方设法带着他们去参加一些艰苦的体力劳动。青年人尝到了生活的艰苦，会对自己的懒散思想有所触动。父母还不了的人情，子女可以慢慢地回报。

人与人之间，难得一个信任。如果深得他人信任，做事让人放心，这也是人生的一笔财富。

人在生病之后，一定要改变不良的生活习惯。生，能平安地来，死，不痛苦地走，这也很不错。一个人一辈子总应该多为周围的人做一些力所能及的事。

任何时候都不应该丧失信心，一定要相信明天会更好！

就算活了七十岁，如果没有做出什么有益的成果，那又怎么样？在有能力的时候多做有益于大众的事，离开这个世界时会少一点遗憾。

盲目探险，等于冒险。不要轻易进入陌生的地域，这方面的教训太多了。

自然灾害的背后都有人为的因素，人类破坏了生态平衡，引发更多自然灾害，天灾与人祸往往是连在一起的。

一堂课 45 分钟，预习一定要占 5 分钟，讲解 30 分钟，留 10 分钟学生自由安排。

学生的智力差别并不是决定因素，要学会激发其积极性，鼓励胆小的学生向老师提问，鼓励他们与同学交流，一点一点地建立自信心。

要带领学生到上一级学校去走一走，使他们对高一级学校有一种向往之情，这也是调动学生积极性的一种方式。

80％付出 100％收获也好，100％努力 80％收获也罢，凡事该有度量。

目标一定要定得高一点，取乎上得其中，取乎中得其下。理想与现实总会有差距，目标的实现也会打折扣。

人活精、气、神，如果精神颓废，有潜能也发挥不出来。人的潜力巨大，在积极与消极状态下，简直有天壤之别。

成功者都是选对了路，然后坚持走下去的人。世上路千万条，我只走好自己这一条路。

教育好子女是父母最大的成功。孩子能自立，能体谅父母的辛苦，不让父母担心，也可以算是相当成功了。

生不带来，死不带去。物质和欲望永远也无法满足，知足者常乐。

你有你的招数，我有我的对策。你有千方，我有百计。具体问题要用具体办法去解决，一定要有足够的智慧。

冤家债主，有时会逼得人跳楼。遇到问题不去想办法，不结合实际，不实事求是，只说一些好听的话有什么用？

年轻人悟性有限，尽管有人一再提醒，但往往不撞南墙不回头。碰得头破血流也是一种教训。

紧开口，慢开言。说出去的话，泼出去的水，因此说话要谨慎。

保护好自己，才能更好地保护他人。经验不足或意识不到，行动就不能到位。

不要老看不惯身边的人，对身边的人要宽容点。各单位都有许多不透明的地方——称之为“潜规则”的东西，并不完全为外界所知。当个体面对团体时，会有许多无奈。

打牌有“可爱”的一面，可以忘掉一切，专心致志；可贻误正事，滋生事端，造成不和，极为可恨！

尽可能创造条件，利用外界力量来帮助我们解决问题。当然，如果别人不可靠，还可以靠自身的力量自我救赎。

经济问题是个硬指标，消费一刻也停不下来，生产一定不能耽搁。

多从难处着想，多从不顺利的方面思考，多想几条对策与方案并不是坏事。

以文养文是最好的办法，边挣钱边写点东西；如果毫无自食其力的能力，想坚持下去会有极大的难度。

经济危机来临时，人们的用度会极为紧张，所以必须精打细算。

环境太差与环境太好都不是干事业的理想条件，人就是在不同境遇中历练出来的。

人对我的好处要记得，人对我的不好要忘记。

今天，一定要解决好眼前的问题，当前的事都做不好，还奢谈什么明天？如果连目前的问题都束手无策，责怪任何人都没有用。少想点不着边际的问题。

社会是个大课堂，打几年工到处碰壁，再找一份安稳工作，或许会格外珍惜。

路走错了，走得越远越误事。

2012年7月16日

没有人才，没有具体手段，空有理想，缺少可行方案，一个地方想要发展也只是一句空话。

教育不单纯是学校和政府的事，它是一个社会问题；教育是社会事业的一部分，不可能独立于社会而存在。

外部经济危机，内需空间有限，改革的配套措施与力度有些跟不上，经济增速必然会有一个放缓期。

做不到的事不要说。

话不说人不知，鼓不打神不知。

张三解决不了的问题，李四可以解决，李四解决不了的问题，王五可以解决。人与人的能力是不一样的，每个人都有他的长处。尤其是高科技时代，人才的专业化很重要。

和平相处的最好方式是承认多元，求同存异，扩大互信，以合作求发展（在合作中竞争）。

改革开放以来，生产力水平逐步提高，人民的生活水平和消费需求也是一步一步往上走，首先是满足基本需求，然后才会考虑到奢侈的享受。高端的消费是从一部分人富裕起来开始的。

高端消费品大多是舶来品，是知名品牌，是文化符号。中国要有能力设计、生产这样的产品，这也是满足时尚追求的市场需要。

孩子很小，父母外出（打工），留守儿童都由爷爷奶奶（或外公外婆）带大，孩子与父母之间缺乏在一起的沟通时间，感情自然疏淡。而爷爷辈对孩子的照顾，由于是隔代教育，要么力不从心，要么有些溺爱，尽可能在物质上迁就，总之，对孩子的成长肯定会有负面影响。

农村工作、乡镇基层工作之所以难，有几个方面的原因。一是干部大多住在城里，下乡也是走走过场；二是照搬上级指示和外部模式，而不考虑本地实际；就算是作报告也多半从电脑上下载他人写的文章而加以修改；四是农村由于青壮年劳力外出，只剩下老弱幼小，农村被边缘化、空心化。

孩子从小喝牛奶长大，如果没有吃到母乳，成长过程中身体免疫能力会下降。所以，喝牛奶不能完全替代母乳喂养。

手机普遍使用，如今许多乡镇基层干部对下级的管理基本上是遥控指挥、听取汇报，而不愿意扎扎实实地到基层摸清情况，解决百姓关心的问题。

睡眠充足，休息好了，清早起来与其学习新东西，不如回顾、记住、领悟头一天接受的知识。学习不仅仅在于求新，也需要积淀与储存。思考应占至少一半时间，否则学得再多，也在心中留不下。

2012年7月17日

不会休息，或休息不好，尤其是青少年睡眠不足，不仅影响学习效率，也影响身体健康。

不要做违背常识的事。对于每个普通人而言，最关键的是每天的日子过得怎么样。过去与现在、他人与自己总是相互关联的，没有人能独善其身。

清醒地意识到自身的不足，努力打破一成不变的困局，必须要有变化的眼光，用新的手段与办法，去开创新局面。

社会财富靠积累，社会进步离不开财富的增长。中国传统社会中缺少保护财产，尤其是使财产保值增值的意识，也缺乏相应的保护财产的法律，所以，一般人都把积攒的财富用来挥霍与享乐，于是就有了“富不过三代”的无情事实。

孟子说过，有恒产者有恒心。但也只是一种理想的愿望而已。关于怎么获得恒产、分配恒产、保护恒产，均语焉不详。

物权法对于财产保护是一个里程碑，但相对于公民的房子“风能进，雨能进，国王不能进”，还有很长的路要走。

目前，劳动保护和环境保护做得很不够，如果把这两方面工作做好，必然会增加生产成本。但从长远看，只有这两个保护做好了，生产才可以持续发展，良好发展。

2012年7月21日

只看到“有用”之用，没看到“无用”之用，这是认识上的极大偏差。比如物质与精神，对于教育、科技，都不要急功近利，应加强基础学科研究，比如哲学的研究，比如开启民众智慧的研究。多元文化不仅对外，也适用于一个民族内部。国兴科教是政府主导与推动，科教兴国是科学和教育发展的必然结果，“无用”之用，这恰恰是教育的特性之所在。

以国家利益为本位，势必是国大民弱；以公民利益为本位，必然会带来民富国强；要全面研究和学习别国的先进经验和技术，真正培养有品格、有能力的好公民，真正实现民族的强盛与独立。

教育不能急功近利，慢工出细活且必须独立发展，必须具有批判精神。如果不能培养通才，一定要培养专才，决不能像煮夹生饭那样，高不成，低不就。真正的能力与水平也不一定是学校能给予学生的。

大学对于人才的考量，不看重学历及学术以外的东西，那就会造成“博士满街走，硕士不如狗”的人才贬值。“文凭”与“水平”的考量真的可以分开来看，文化精神的东西有时无法量化。只有从根本上改变这种评价标准，否则教育会偏离根本——培养人的思考性，让人充满理想。

把美好的梦想变成一个具体可以努力达到的目标，这是孩子们的权利。应该鼓励而不要粗暴地干涉甚至打击他们的这种创意与行动，创造条件、宽容地促成这种可贵的个性发展。

教育的原则是尊重人格，师生人格平等。学生有独立的思考能力。溺爱和暴力都不是尊重。要从小养成相互尊重的良好习惯，长大以后才能做一个文明人。

做事先考虑大局还是兼顾个人利益？如果想真正改变一个地方的落后局面或是推动一个地方的发展，必然先抛开个人利益，集中一切力量先干好本职工作。许多事物都有一定规律，人事的安排表面看来有些偶然，实际上老天自有安排，不必刻意追求，还是顺其自然为好。

2012年7月28日

一定要重视和加强软实力，重视文化传统，中国文化中由于缺少民间社会组织，所以要恢复家庭美德，重视成员之间的“仁义礼智信”等五德，在提高人的素质的基础上提高文明程度。文化中应该有一种精神贵族气质。

英国最强大时，海外殖民地是本土面积的80倍，虽然拓展之路再也行不通，但它在互联网、在英语文化方面的影响力仍在，活力仍在！尽管它的经济实力在下降。

中国人以什么心态看奥运？2008年北京奥运会展现了中国的五千年文明与30年开放成果。2012年，伦敦奥运会充分展示了英国300年来对人类作出的贡献。令人深思的是：英国为什么衰落？如果一个民族选择的道路不对（武力殖民），加上战争的因素，再强大也会走向衰落。西方文化追求的娱乐性、个性化是其优势。要有宽容的心态，要以一种谦卑、诚恳的心态去理解西方人的行为。中国人看问题往往内外有别，对他人容易抓住不和谐的细节不放。其实不能放大他人的缺点。西方一切按市场规律办事，给多少钱干多少事，很少动用行政手段、行政命令去干预。个人利益要保证，政府也不是完全无所作为。总之，不能简单地就某一事物或现象作对比，要以正确心态来看待不同的文化，认识到各具特色，各有优势。

2012年8月4日

年轻人好胜心强不是一件坏事，但盲目自信往往会走向极端——不知天高地厚。俗话说："姜还是老的辣。"人生的阅历与经验，是时间和汗水换来的。历练需要时间。

在婚姻问题上，不少人容易产生幻想，总想找一个十全十美的对象。如果不考虑自身条件，极容易像《红楼梦》中的晴雯那样——心比天高，命如纸薄。还是要现实一点好，这样目标容易实现。

人生可以没有底牌，但做人不能没有底线。人如果总与他人比坏，极容易堕落；总与他人比财富，极容易产生失落感。人生应该知足常乐，自得其乐，走自己的路，做自己的事，不妨利己，但尽可能不去损人。

每个人应该有自己的生活节奏，不要轻易打乱。"饮食有常，起居有时"，有规律的生活对身心健康大有好处。

年轻时不要体力透支，尤其不要熬夜。

一切皆有可能，说的是变化情况。如体育比赛中参赛的选手都想获奖，但奖牌就那么几块（金、银、铜），到底谁能最后站到领奖台上，是必然与偶然的结合。其实，每个选手能把握的是尽力做好过程，享受比赛，至于结果，用一句俗话说："老天爷自有安排。"并不是想要怎样就能怎样。实力加运气才能达到理想的状态。

乐观是一天，悲观也是一天。如果不是极度痛苦，还是乐观一点为好。

2012年8月5日

世界的理想状态是“和而不同”。“罔不因势象形，各具情态”（明代魏学洢《核舟记》），多元共生是世界的本来面目。

读书的多少与能力并不完全成正比，是什么原因呢？一是积累有一个“量”的制约，二是要善于“化”，“六经注我”，为我所用。

“专业化”，过去叫“一招鲜，吃遍天”，现在叫“核心竞争力”，只有具备了专业知识才能在社会上立足。

2012 年 8 月 6 日

“组织”本是一个生物学概念，借用到社会领域，人是社会的人，当然离不开组织，这是人的社会属性决定的。一个社会组织越来越多、越严密的国家，自然越进步，这意味着民众有更多自救能力。小政府大社会，这是发达国家的管理模式。要想国强，必须千方百计保证民富。民不富，国不可能真正强大起来。随着中国综合实力的提升，社会组织应该有更大的发展空间、更大的作为，前提是这些组织必须合法、依法。

“水至清则无鱼。”（《汉书·东方朔传》）社会上许多事情并不是我们想象的那么美好、单纯，相反，有许多“潜规则”让人看不清，道不明。清代郑板桥叹自己“难得糊涂”，这是清醒者的感叹。人的精力有限，对于我们不熟悉又无法知晓的事，不妨糊涂一点，不闻不问——知事少时烦恼少。

体育上优异成绩的取得，不仅是运动员个人能力的体现，也应该感谢对手。是对手的激发、是对手的衬托，让获胜者的能量得到最大限度的爆发。良好的身体素质，加上平时严格、科学的训练，是决胜的关键因素。

“万事开头难”，因为千里之行，始于足下。此时，选择比努力重要。迈出第一步之后，坚持比选择重要。不能只羡慕成功的花朵，要思索奋斗的历程！

2012年8月7日

“将军额上能跑马，宰相肚里好撑船。”成大事的人，不仅才华过人，而且宽宏大量，能容人，能受气，能吃苦。器量大的人更容易相处，与其共事能把事业做大做强。管仲与鲍叔牙的故事就是极好的例子。

“前车倒了千千万，后车倒了万万千。”人容易受各种诱惑，忘掉痛苦，忘记教训。“吃一堑，长一智”(明代王阳明《与薛尚谦书》)，只有善于反省，才可以少走弯路，避免重蹈覆辙。

只要是人为的事，就不止一种结果。积极争取与消极应付，态度不同，过程不同，结果千差万别就不足为奇了。

饮食文化

如果要说一个人平时消极懈怠，到末了难以过关，则说“平时吃瓦碴，末了屙砖头”，那是多么难过，岂不是太悲惨的事？

一个人跳槽成功，如同小猪从甲槽跳到乙槽，则说是从“粥锅跳进饭锅里”，于是境况大为改善，愈来愈好，相反则是“老鼠跳进糠箩里，一场欢喜一场空”。

不同人群爱好各异，相安无事，和而不同，则不妨说“萝卜白菜，各有所爱”。

事情明摆着，谁是谁非，谁对谁错，则是“小葱拌豆腐，一清二白”。

一次能喝很多叫“牛饮”，也可称“海量”，海可以包容百川之水，故请人原谅曰“海涵”。

如果说一个人“饭桶”，则不妨说他什么也不懂，但知道“饭好吃，粥烫人；糊子粘嘴，粑胀人！”

说农田，尤其是“烂泥田”改造，可以掺沙子，则说“泥巴掺沙，好比洋糖蘸糍粑；沙子掺泥，好得出奇！”

“脚大走四方，嘴大吃四方。”

"男人好吃，女人藏；女人好吃，光对光（意即吃得一点不剩）。"

局势不明朗，前景看不清，行情摸不透，叫"吃不准"。

赌博或打麻将一个人全赢，别人都输了叫"通吃"或"统吃"。

有情面，有手腕，有办法，有路子，有对策，叫"玩得转"又叫"吃得开"；否则叫吃不消，或玩不转。

以强欺弱，以大压小，叫"大鱼吃小鱼，小鱼吃虾米"（方言叫"鱼吃虾，虾吃渣"）。

不给别人面子，或不买对方的账，叫"不吃（你）那一套"。

情况危急，叫"吃紧"。

"四条腿的眠床不吃，两条腿的爷娘不吃"，广东人什么都敢吃，以至于吃果子狸吃出"非典"来。

本来是喝酒或饮酒，但有酒必有菜，所以又称为"吃酒"。

"嫉妒"的别名叫"吃醋"，爱嫉妒别人的人又被称为"醋坛子"。因为盐咸醋酸，所以，有时又称这种人为"酸的"。

"有盐同咸，无盐同淡"，是同甘共苦。

操多余的心思则被认为是"咸吃萝卜淡操心"。或说"死牛的不急皮匠急"，或曰"皇帝不急太监急"。

做一事，了一事，叫"牛过河，尾巴过河"。

事情虽做，但有尾欠尚未完工，则曰："毛狗（狐狸）赶走了，屁还在!"

东西吃光，或无东西可吃，则曰："吃个狗屁!"

表示自己并不怕别人，就说："我的刀（或拳头）也不是吃素的!"

一人做事失败，则劝者这样安慰："别灰心，前面的路还很长，'吃一堑，长一智'，以后留心就是!"这等于说，要输得起，这次失利或失败权当交了学费，虽付出点代价，说不定更有利于今后的行事，所以说"哪里跌倒哪里爬起"，"失败不失为成功之母"。

一个人吃点亏不要紧，宁可人负我，切莫我负人。亏了我一个，幸福十亿人。吃不尽的亏，上不尽的当，会吃亏，想得通，那么吃亏不亏，"吃亏是福"，又有谁没有吃过亏？吃小亏，得大便宜，谁更划算？

不能吃亏者，往往上当，这也符合辩证法。

"靠山吃山，靠水吃水"，一方水土养一方人。

"日图三餐，夜图一宿"是人类生存最基本的要求。

"奉劝为人莫当家，当家心事乱如麻；清早开门七件事：柴米油盐酱醋茶。"又说"不当家不知柴米贵"，没柴不能生火，无米就做不成饭。当家首先就是管伙食，当然扩大了也是管钱，管物，管账。

"闹人的药（即毒药）不吃，犯法的事不做"，意即，我不犯法，法岂奈我何，或改为"莫吃闹人的药"，"莫做犯法的事"，则是劝人一定要分清大是大非，不要自寻烦恼，自找麻烦，自断生路——劝人要走正道。

"肉臭了吃得，人臭了吃不得"，劝人注意爱护自己的名誉，保持自己的品行与节操，保持自己的名声，不要让它变质、变味，不要让人生的洁白之纸轻易涂上污点。往严重里说，肉臭臭一时，人臭臭一辈子。因为做人或看人绝非只是一时的事，而是一生的事。

“吃不了兜着走”，在现代城市中很常见，叫“打包”。在从前或是警醒与劝告，或是威胁与警告，意即要对方对自己的行为负责，要承担不好结果的代价，有一种“如不听从，后果自负”的意味。

“吃”是一种权利，一个人吃叫“独吞”，一块儿吃叫“合伙”，没有赶上，又想加入进来一块吃叫“入伙”；先是一块儿吃，后来又分开，叫“散伙”；“AA”制，各付各的账，但在一起吃叫“打平伙”。暂时加盟在一起吃叫“搭伙”。一点一点地吃叫“蚕食”，一下子吃下去叫“鲸吞”，吃相难看叫“狼吞虎咽”。吃得快叫“三下五去（除）二”，或叫“风卷残云”。想吃又不想吃，犹豫不决，迟疑不定，叫“吞吞吐吐”。如果骂人又叫人吃，则不妨说：“斩讹子。”

想吃又吃不下，不想吃又不愿丢，叫“吃鸡肋”。意思是吃起来觉得它没有肉，丢掉又可惜它有肉味。

一边吃着，一边又想霸占着，叫“吃着碗里，瞄着锅里”。

吃的东西大致差不多，总以为别人碗里的东西好吃，叫“吃着自己碗里，瞄着别人碗里”。这种心理大概与“文章是自己的好，老婆是别人的好”中后半句相似吧！

“吃了上顿没下顿”，看来真的要挨饿了！

“寅年吃过卯年粮”，提前消费，生活压力自不必说。所以说：“手中有粮，心中不慌，脚踏实地，喜气洋洋。”所以才说：“必须把粮食抓紧，必须把棉花抓紧，必须把布匹抓紧。”

“瓜（糠）菜半年粮”，是粮食不够吃的无奈之举。

“宁添一斗，莫添一口”，一口就是一人，所以人就是口，就要吃饭。

“菜足三分粮”，粮不够，菜来凑。食量一定，菜吃多了，主食自然就少吃点。

“酒是公家的（不要钱，即不用自己掏腰包），但胃是自己的”，也就是说酒以适度为宜，喝多了未免伤身体，不划算。

“饱汉不知饿汉饥”，吃饱与挨饿的滋味自不可同日而语，问题是饱汉忘了挨饿的痛苦，未必不是忘本，或缺乏同情心。

“嘻嘻哈哈吃个饱”，意思是在吃饭问题上，不可太死板，不可死要面子活受罪，如果已拿起碗筷，吃一口是吃，吃一顿也是吃，为什么不吃饱呢？

“毛狡（方言：粗枝大叶之意）毛狡，吃不了；过细过细，吃个屁（没东西可吃）！”也就是如果做事只求质不求量，只求好，不求快，有时是行不通的。一万年太久，只争朝夕，时间就是金钱，效率就是生命。

“一招鲜，吃遍天”，有“艺”好防身，有本领有技能才能自立于社会。所谓“良田千顷，不如薄技一身”，此之谓也。

人吃五谷杂粮，哪有不生病的？好在人有百病，地生百草，草药可以医草民的病，草既贱生命力又强，所以“野火烧不尽，春风吹又生”。

从口入的一是食品，二是药品，有时实难分清，如红枣与生姜，算食品，又算药品。吃药叫“服药”，而食品则不能这么叫。药品与食品安全均马虎不得，买药如同买菜，想吃啥就买啥，药店如雨后春笋，可见需求量大，买药如此随意是好是坏？“是药三分毒啊！”可想而知！“不干不净，吃了不生病”既是条件不允许的无可奈何，又何尝不是不讲究的一个漂亮借口？

一个人不想听话，不愿意做某事，强迫也无济于事，叫“牛不喝水，按不低头”。

一个人什么事也不会干，民间人认为他可以“牵猫喝水”。（做无用功）

“牛吃草，鸭吃谷，各人自有各人福”，劝人安分守己，不必盲目羡慕他人，因为各有各的长处，不必埋怨，不必自卑，更不要乱攀比。

“有智吃智，无智吃力”，人只要能认清自己的能力，准确定位，总会有办法生存下去。不必徒增烦恼，变个泥鳅学钻泥，变个虫儿学蛀木，总得要找一个吃饭的路子。

“酒肉朋友，柴米夫妻”，这样的朋友并不可靠，只有在有酒有肉时才可靠。过日子是实实在在的事，生活不能没有保障。要柴没柴要米没米，则是“巧妇（也）难为无米之炊”。

“思想家都是饿汉子”，想必思想家都是饿过来的，因为穷才会想法改变现状，穷则变，变则通，通则久。“饱食终日，无所用心”只适宜于行尸走肉，不适合于（做）思想家。

一个人饿怕了，就会对受饿产生刻骨铭心的记忆，所以吃嘛嘛香，故曰“饿好吃！”但人又是健忘的，古人有一篇《甘薯疏序》，说的是一个贵族在地位变了之后再吃原先挨饿时救命的食物，认为味道大不如前。

毛泽东说：“饿死爹娘，不吃种子粮。”这就是科学发展观，不能因小失大，不能急功近利，不可杀鸡取卵，不可因噎废食。

“吃饭防噎，走路防跌。”对于老年人尤其如此，所以老人拐杖头上有“鸠”形，叫“鸠杖”，其取“不哽”之义，大概哽即上不上，下不下，是卡在喉咙里，那是最难受，又是相当危险的，故予以特别忠告。总之，小心不会错。

咽喉因为关系到吃喝又涉及呼吸，利害攸关，故历来被比喻成兵家必争之地，当然也必是重兵把守之关塞。

人时刻少不了的只有两件东西：一是空气，一是水。所以“风”与“水”历来受到重视，并形成学问——风水之学，因为它实在与人的关系密切。如今一切都在改变，空气中二氧化碳增加，形成温室效应，带来冰川融化，未来的江河有源头枯竭之忧。所以控制能量和污染物的排放，保护空气和水成为环保的一个重要方面。

“一个和尚挑水吃，两个和尚抬水吃，三个和尚没水吃。”

挨批评叫“吃藕”，所以过年吃藕又叫“吃空心菜”或“吃聪明菜”。因为藕有孔，据说心也有孔，而且孔越多越聪明。智慧大增叫“开聪明孔”，又叫“开窍”。骂人笨叫“榆木脑袋——不开窍”。忽然开窍，立即明白为“茅塞顿开”。

夸别人聪明，则说“心像丝瓜萝，都是空的”。因为聪明人才看得空，看得空才放得下。

说人小气：“铁公鸡——一毛不拔。”

挨饿又叫“喝西北风”，大约西北风很冷的缘故。

说一个人单身无负担为“一人吃饱，全家不饿”，或曰：“一个肩膀扛张嘴，走到哪吃到哪，怕什么！”

饿了遇到什么吃什么，叫“饥不择食”。(“饿牢放出来的!”)

遇到食品挑挑拣拣，这也不吃，那也不好，曰“好（hào）高”；不是吃的时候，不是吃的地点，不该他吃的也要吃，曰“好（hào）吃”。

“大人望插田，小孩望过年”，吃在人小时候占很重要的比重，也是最先学会的词汇之一。所以只要有吃的，小孩就比较好哄。

“吃不穷，喝不穷，算计不通一世穷!”

“日里添客不穷，夜里做贼不富!”

“大厦千间夜眠六尺，良田万顷日食三餐”，人要知足，知足才能常乐。

“世上钱多赚不完，朝里官多做不完，河里水多喝不完。”

“人生在世，吃喝玩乐”，玩不玩，乐不乐，倒是其次，但吃与喝则必不可少。

“良药苦口利于病，忠言逆耳利于行”，药不以价高为贵，也不以滋补为贵，更不以苦不苦为贵，所谓良药，即以“对症为贵”。苦口是短痛，生病是长痛，正所谓“长痛不如短痛”。

“吃得苦中苦，方为人上人。”一个人的成就与他的付出往往成正比，只有超常的努力才可能有非凡的业绩。人上人主要指素质较高的人。

“咬得菜根，百事可为。”苦水里泡大的孩子，更加珍惜生活的幸福，故苦难是人生的一笔财富。

“身安茅屋稳，性定菜根香；识破世间味，淡中滋味长。”大鱼大肉，山珍海味，也有吃腻的时候，唯有粥饭吃不厌。各种饮料也有喝腻的时候，只有白开水喝不厌。水味至淡，故能调和百味，所以无味反而是至味。(真水无香!)

“只吃八分饱，不吃十分足。”半饥半饱日子长，事实证明，吃得太饱不利于消化。世上十全十美的事毕竟太少，“万事如意”是一句恭维话，当不得真，十件事有两三件如意也许就会叫人高兴得手舞足蹈。所以，不完美、有缺憾正是事物的常态，但这并不妨碍一个人向着完美方向追求，你不追求，这两三成好事也许都会大打折扣。

“大鱼大肉是一餐（顿），吃糊吃粥是一餐。”所以中国人做客，是“出门观天色，进门观颜色”，宁笑脸吃粥，不吃垮（闷）脸肉。这叫吃的是感情，图的是快乐。

“饱暖思淫欲，饥寒起盗心。”此话虽有一定道理，但又不完全如此，物质文明与精神文明有联系，但不可混为一谈。要不然，孟老夫子推荐的大丈夫的“三不（淫、移、屈）”标准不会有人相信，更谈不上去实践(物欲是无止境的)。

贪图滋味，叫“满足口腹之欲”；大吃一顿，叫“大快朵颐”。

用体力挣钱叫“吃苦力饭”或“吃力气饭”，或叫“出黄汗”。俗语有:“官宦钱，眼面前；生意钱，三百年；血汗钱，万万年。”也有的说是“庄稼钱，万万年”。无非是劝人，劳动光荣，劳动可靠；靠天靠地靠别人，不如靠自己。事实上，要从根本上解决问题，求人不如求己，所以人走出父母的小圈子反而有出息，在家靠父母，出门靠朋友，连朋友也没有时怎么办？只好靠自己，能力和智慧反而见长，岂不是相反相成，坏事变好事？正如《国际歌》中所唱的：“从来就没有什么救世主，也不靠神仙皇帝。要创造人类的幸福，全靠我们自己!”

鲁迅先生在《狂人日记》中总结中国几千年的历史是“吃人”的历

史，人与人之间的关系，是“吃”和“被吃”的关系。好比生物界中的食物链，所以又称“人肉筵宴”。吃人者，暂时做稳了奴才（或主子）者；被吃者，要做奴隶而不可得者。这种见解真可谓入木三分，一针见血！

“粗茶淡饭”，俭朴的生活，也是生活的本色与常态，一个人的幸福感与他的欲望紧密相连。没有欲望固然谈不上幸福，欲望太强也不可能幸福（饮食简单，生活幸福）。

“众口难调”，有人爱酸，有人喜甜，有人嗜辣，有人好淡，总之，一人难中百人意（百人百个主意）。办事难让所有人满意。

“猪多没好糠，人多没好粮。”人多了，生活质量难免下降，所以要实行计划生育。

“吃也要人多，做也要人多。”人多抢着吃，就吃得快，吃得香。在一个集团中，人多力量大并不错，前提是要团结一心，否则一盘散沙，虽多何益？

考试零分叫“吃鸭蛋”，大概零和鸭蛋都是椭圆形吧！

坏人称“坏蛋”，笨人叫“笨蛋”，赶人走路叫“滚蛋”，做事毫无道理叫“混蛋”或“混账王八蛋”（亦或“乌龟王八蛋”）。

喝茶还要吃“点心”，所以喝茶又称“吃茶”。

“食不厌精，脍不厌细。”“不时不食，割不正不食。”“不撤姜食，不多食。”可见，圣人对于吃饭也是毫不含糊的。

本是厨师的工作，却要代替他干，叫“越俎代庖”，可见还是分工明确好，古人都知道反对大包大揽，包办一切不是什么好事（越职或包办都不好）。

“人为刀俎，我为鱼肉”，意即自己处于不利地位，任人宰割！也可比喻无可奈何的迁就。

“志士不饮盗泉之水”，因为泉水的名声不好；“廉者不受嗟来之食”，因为它带有侮辱性，不礼貌。

文学作品艺术性和思想性都很强，大家都爱读，叫“脍炙人口”。

“布被暖，菜根香，诗书滋味长”，物质生活与精神生活都是不可缺少的，真正的健康是身也健康，心也健康，即身心状态俱佳。

一个东西不仅学了，而且会用，才能变成自己的东西，叫“消化”，即让它消失，并起了化学变化。读书不会用，只会照搬叫“食古不化”。消化才有营养，消化才能把别人的东西变成自己的东西。

古人认为吃饭也有会与不会之分，会吃长身体，长精神，不会吃生痰瘤。逢年过节，小孩无节制地吃，往往也会吃出病来，或是消化不良，或是拉肚子。所以，能吃还要会吃。

“饭要一口一口地吃，路要一步一步地走”，一步登天，除非是坐飞机与飞船，否则痴心妄想；但生活中不少人平时并不努力，却幻想一鸣惊人，其实，大家都知道人不可能“一口吃成一个胖子”。

猫吃老鼠，叫“有生必有克”，也可以说是“一物降一物”。其实，“无论白猫黑猫，只要能抓老鼠就是好猫”，这就是著名的“猫论”，它是很实在的。

坏人火并（拼）叫“黑吃黑”。

有人说“英国的房子，美国的票子，日本的女子，中国的厨子”，这就是幸福生活，虽说有点偏颇，但却有部分道理。因为中国菜，无论什么系列，都要讲究个火候，都要讲究色、香、味、形俱佳。难怪老外称中国菜为艺术品。吃相文雅叫“品味”或“有品味”。

中国菜讲究个搭配，主辅料搭配，荤素搭配，这很符合“中和之道”，实际上也可以实现营养均衡。

“三径就荒，松菊犹存；携幼入室，有酒盈樽”，想必陶渊明先生的夫人做得一手好菜吧，不然诗人不会骄傲地把它写进作品中。

能吃能喝，不会做事，称为“酒囊饭袋”。民间有“酒醉英雄汉，饭胀懵懂人”的说法。酒前吃饭，谓之饭（犯）上。

吃饱了，不再想吃别的东西，叫“一饱万事足”！真的，如果已经吃了个肚儿圆，再好的东西，能装得下？

“年轻人，跨过门槛能吃三大碗呢！”说的是年轻人好动，消化快，虽然不久前刚吃过，如今碰到机会，赶上时候，不妨再吃一点，这也是赏脸的意思。

给脸不要脸，不给面子却死要面子，叫“敬酒不吃吃罚酒”，真是不知好歹。

自己吃，别人在旁看着，要说“有偏（了你）”，即是说实在不好意思。回答则是“当偏（你吃饱些）!”

一个人吃，不分给他人吃过意不去，曰：“一人动嘴，百人吞涎！”你不妨吃上几口！

“打不赢，咬一口”，这是弱者的反抗，也是无赖者的做法。

“伶牙俐齿”，不是会吃，而是会说。牙是臼齿，齿是门齿，所以说咬是用牙，切是用齿，故曰“咬牙切齿”。又有“唇亡齿（不说牙）寒”之说。

“铜头铁嘴”，说的是嘴巴厉害，人见人怕。

“武装到牙齿”是全副武装，且装备完整，精良。

“食人余唾”，就指说的全是别人的话，毫无新鲜感，如同“吃别人嚼过的馒头（馍）”，也写作“拾人牙慧”。

言而无信，叫“食言而肥”；极端仇恨叫“食肉寝皮”，心里有事，吃不出滋味来，叫“食不甘味”。心中有压力，有顾虑，叫“寝食难安”。

占着茅坑不拉屎，叫“尸位素餐”，可见是不尽职守。

只消费不生产，叫“坐吃山空”，也作“坐食山空”或“坐吃山崩”。

不出力而享受叫“坐享其成”。

本意不在此而在彼，叫“醉瓮之意不在酒”。

稀里糊涂地混日子，叫“醉生梦死”。

说话作文认真思考叫“字斟句酌”，斟，倒酒；酌，品酒。

吃下自己造成的苦果，叫“自作自受”，又叫“自食其果”。

靠自己的劳动维持生活，叫“自食其力”。

兄弟之间互相残杀叫“煮豆燃萁”，内部互相斗争叫“狗咬狗”。

因嫉妒、争宠而相互斗争叫“争风吃醋”。

谈话、诗文或歌曲耐人回味，叫“余味无穷”。

别人怎么说，你就怎么说，没有自己的见解叫“人云亦云”，也叫“鹦鹉学舌”。

只顾眼前，不顾后患，叫“饮鸩止渴”。

人不忘本，叫“饮水思源”。

一次失败，中途停下不干叫“因噎废食”。

想说而不能说叫“忍气吞声”。

痛恨到极点时往往“咬牙切齿”。

过分斟酌字句叫“咬文嚼字”。

利用口才进行煽动或游说叫“摇唇鼓舌”。

摆脱长期压抑后的舒心为“扬眉吐气”。

因为理亏没有合适的词句来掩饰或辩解为“理屈词穷”。

用恶毒的语言污蔑或陷害别人叫“血口喷人”。

毫无根据随口乱说就是“信口开河”。

自己酿成的恶果自己承受为“打落牙齿往肚里吞”。

不负责任地随口乱说为“信口雌黄”。

在困境中以微薄的力量相互救助叫“相濡以沫”。

关系密切或联系紧密叫“息息相关”。

用刀叉吃西式的饭食叫“吃西餐”。

“吸毒、吸附、吸收、吸引、吸取、吸吮、吸铁石、吸血鬼”都有一个共同的“吸”字，以“口”为偏旁。

成为牺牲对象的人或物叫“牺牲品”，即是利益受到损害。

“有米不吃锅巴粥”，指有了更好的，就会放弃较次的。如同说“豆腐是我的命”，见了肉不吃豆腐了，“见了肉不要命”（抛弃了命——豆腐）。

“五香”：五种调味的香料——花椒、八角、桂皮、丁香、茴香。

“五味”：酸、甜、苦、辣、咸。泛指各种味道。

“杀鸡给猴看”，可见猴子的智商比鸡高，能吓唬住。

“大饱伤脾，冷饮伤肺”，岂不是病从口入的注解之一？

“五荤”：佛教指大蒜、韭菜、薤、葱、兴渠五种蔬菜。

“五谷”：稻、黍、稷、麦、豆，泛指粮食作物。

喝酒即是喝兴致，喝感情：“感情浅，舔一舔；感情深，一口吞。”劝酒有时也可能强人所难，有时又是自己遭殃：“激动的心，颤抖的手，让我敬您一杯酒；您不喝，我不走，您随意，我一口。”劝酒词像短信，蛮有文学色彩，还朗朗上口呢！西方饮酒是佐餐开胃，国内饮酒则是助兴、煽情。“无酒不成宴席。”

北方人喝酒要划拳行令，从一说到十：一条龙，哥俩好，三结义，四季发财，五魁首，六六顺，七巧，八发，九九归一，十全十美，等等。不会划的喝得猛，醉得也快。大碗喝烈酒，体现了北方人的豪放与爽直。

“同路无馊饭，同行无疏伴”，能同路就是有缘分，有缘就互相关照，互相搀扶，不妨有饭同吃，既是关怀照顾，也是给个人情，当然有时是借花献佛。

有烟好结交，有酒好说话，有酒有肉多兄弟。“兔子是狗赶出来的，话是酒赶出来的”，喝得迷迷糊糊，难保不酒后吐真言。但言多必失啊！

药能医假病，酒不解真愁。借酒浇愁，一时麻醉而已，醒来依然是痛苦，故李太白说：“但愿长醉不愿醒。”

酒能壮胆，酒能激发豪情，故行军打仗要喝壮行酒。朱熹先生作《醉下祝融峰》（注：南岳衡山主峰），诗云：“我来万里驾长风，绝壑层云许荡胸。浊酒三杯豪气发，朗吟飞下祝融峰。”

武松打蒋门神是在似醉非醉之际，用醉拳，以静制动、以柔克刚而取胜的。

只要有酒喝管他贵贱。怕主人酒不够，李白主动说：“五花马，千斤裘”，都叫孩儿们拿去兑了酒来喝，不醉不散（当然醉倒想散也散不了）。《三国演义》的开篇词《临江仙》中写道：“一壶浊酒喜相逢，古今多少事，都付笑谈中！”只要相逢高兴，哪怕酒差点（浊酒），少点（只一壶）又有什么关系。投的是个缘分，投的是个“乐”字。所以“酒要闹饮，茶宜静品”。一个人喝闷酒，说明他心里不痛快，别人看着都难受（替他憋屈)。

“以《汉书》下酒，替古人分忧”，可见，书也可以当作下酒菜。

真正喝酒人是怪酒不怪菜（不择菜），只有假喝酒或不会喝酒的人才会“口酒不尝，吃菜大王”。

酒能御寒：“绿蚁新醅酒，红泥小火炉，晚来天欲雪，能饮一杯无（mu）?”古人诗词中有“三杯两盏淡酒，怎敌它晚来风急”的句子。

真正朋友间以茶代酒也是可以的，“寒夜客来茶当酒”，是一种无拘无束的状态。

“花为茶隐士，酒是色媒人”，所以广告词中有“劲酒虽好，可不要贪杯哟!”“司机一滴酒，亲人两行泪!”有禁忌就有诱惑，所以烟盒上印“吸烟有害健康”，扑克盒不妨印上“赌博有碍家庭幸福”，虽是忠告，吸烟打牌者谁又真正把它当回事呢?

酒乃谷物之精华（去掉了糟粕者也），古人称之为“琼浆玉液”。酒壮英雄胆。盛唐时代，国力强盛，有志男儿乐于从军报国，故王翰《凉州词》说：“葡萄美酒夜光杯，欲饮琵琶马上催。醉卧沙场君莫笑，古来征战几人回?”有的是视死如归的豪迈。

中国甘肃有座航天城，就与汉武帝派霍去病伐匈奴有关，也与酒有关，叫“酒泉”。

有许多好酒都出在中国的西部，也难怪，山清水秀，有好的环境，好的水质，就具备了酿造美酒的条件。

还有啤酒（beer），青岛人以喝青岛啤酒为荣，北京人以喝燕京啤酒为荣，黄石人以喝西塞山啤酒为荣，武汉人以饮行吟阁啤酒为荣。从前是夏天才喝，如今是一年四季都喝，武穴人则偏爱推崇大别山啤酒。只有上海人是特例，什么地方的啤酒对胃口，就喝什么，不必一定要喝上海产的，这样大胸襟，大气派，这样的市民心态才具有一种开放的气度！

还有“可乐”，最初是洋货“可口可乐”，本土的随后创出知名品牌“非常可乐”。可口也许是真的，但可乐吗？据说在印度市场已查出“可口可乐”中含有杀虫剂，喝了会中毒，得癌症，所以销路大打折扣。

茶是最常见的饮料，既有极为昂贵的，也有成本很低的。民间常用的茶，自采自制，比可可、咖啡都要便宜，且不分东西南北，不分男女老少，都可以喝它。茶可以清心、明目、解渴、助消化，也可以提神解乏，可现泡也可以冷饮，是最持久的大众饮品。

“好苹果不能等烂了吃。”说的是不要坐失最佳时机，因为机不可失，失（时）不再来。

“看菜吃饭，量体裁衣”，指的是具体问题具体分析，凡事总有它的特殊性，这就是一把钥匙开一把锁。

“当餐（当顿）不吃，过后又要吃（冇得吃)”怪谁呢？

吃了还想吃，吃了仍不表态，叫“喉管太深”。

不要钱的东西都想去吃，“不吃白不吃”，谁不吃？最令人不满意是“吃了也白吃”。吃归吃，事情仍未办好，“肉包子打狗——有去无回”，岂不令人恼火？(白吃谁不吃?)

“世上没有免费的午餐”，“吃了人家的嘴软，拿了人家的手软”，一吃一拿，自然只好手下留情了。

前方与后方不一样，有时“前方吃紧”，并不妨碍“后方紧吃”。

革命不是请客吃饭，不是做文章，不是看花绣花，但革命又不能不吃饭，而且还是为了吃好饭，为了把饭吃好，不然革命干什么，谁还来革命？“说走，咱就走，你有我有全都有”，而且还是为了大家伙都有饭吃。

天下厨房之大，容不下两个女人，“婆媳关系”历来不好处理。也难怪，多年的媳妇“熬”成婆，对媳妇能不严厉一点吗？一个人自己做主，两个人则碍手碍脚，于是“婆婆背个鼓，到处说媳妇；媳妇背个锣，到处说婆婆”。弄得关系相当紧张。如果适当分开，距离产生美，关系反而会亲热一些。

“国以民为本，民以食为天”，吃饭当然是头等大事。所以“空一千，要吃烟；空一万，要吃饭”。烟也许可不吃，但饭是绝对缺不得的。

江汉平原历来有水患，是“水袋子”，但又是“米粮仓”，并且是鱼米之乡，有民谣流传于天门、沔阳一带：“沙湖沔阳洲，十年九不收；若是一年熟，狗都不吃粥。”天门花鼓戏是为了逃荒、逃水患而准备的，就像河南杂耍一样。

江湖好汉劝人入伙往往说：“跟着我走不会亏待你，保证让你吃香的，喝辣的！”至于说到被抓住要杀头，那就干脆省略，不好说也就不说算了。

“吃软不吃硬”，也难怪，谁愿意吃人剩下的？所以“残羹冷炙”有骨气的人往往是看不起的。

“吃里爬外”，简直是叛徒的行径，历来为人所不齿。

“吐故纳新，新陈代谢”，生命必须与外界进行交换：交换物质、交换能量、交换信息，“纳”是吸收氧气和养分，“吐”是排除二氧化碳和生命中不再需要的“废物”。一旦交换停止，也就意味着生命结束。

吃饭之后酒桌上杯盘碗筷乱七八糟的样子叫杯盘狼藉。兄弟分家，请人家帮忙裁定，四人在路上商量。裁缝说，咱们一碗水端平，针过得去，线也要过得去。车夫说，咱也不是没管过这号事，反正前有车，后有辙，别太出格就行了。厨师说，咱们得快刀斩乱麻，别锅呀碗呀瓢呀盆呀的分不清。船夫说，这好办，到时候，还得见风使舵，万一不行，就来个顺水推舟。

一天下雪了，赴京赶考的秀才说“大雪纷纷而下”；上任的官员接“都是皇家瑞气”；当地土财主说“下它三日何妨”；一个乞丐听了骂“放他娘的狗屁!”

这两个例子说明了说话要得体，也说明了三句话不离本行。

据说伦敦某街上有三家缝纫店，上面的标牌分别是：英国最好的裁缝，伦敦最好的裁缝，本街最好的裁缝。可见并不是夸张越出奇越好。

一个人初到一个新环境，不能适应叫水土不服或不服水土。“服”，有时指吃，如“服药”。

事态发展到不可挽回的地步叫“不可救药”。

事情很小，或意义不大，叫“不足挂齿”。

野外生活的辛苦：餐风饮露或餐风宿露或风餐露宿。

想把美食吃到口或渴望得到某种食物：馋涎欲滴或垂涎三尺或垂涎欲滴。

人不爱说话：沉默寡言。

说话傲慢，没有礼貌：出言不逊。

双方互相依存，关系密切，利害与共：唇齿相依（唇亡齿寒）。

言辞犀利，针锋相对：唇枪舌剑。

大肆宣扬，过分夸张：大吹大擂。

自己犯了错误不承认，倒反咬别人一口：倒打一耙。

唠唠叨叨，说个没完：喋喋不休。

日子十分难熬：度日如年。

针对客观情况，决定采取的措施和处理办法：对症下药。

动作迅速而猛烈：饿虎扑羊。

反过来责问对方：反唇相讥。

发自内心的真诚话：肺腑之言。

专心致志地做事：废寝忘食。

风雨适时，年景好：风调雨顺（然后才“五谷丰登”）。

生活富裕：丰衣足食。

从根本上解决问题：釜底抽薪。

说一些不切实际的大话：高谈阔论。

过惯骄奢享乐生活的富家子弟：膏粱子弟。

心中有话，不说出来不痛快：骨鲠在喉。

关系密切，不可分离：骨肉相连。

疆土被并吞分割：瓜剖豆分。

条件成熟了，蒂就自然脱落：瓜熟蒂落。

容易引起嫌疑的场合：瓜田李下。

任何事情的发展都有一个过程，容不得你着急，这叫“心急吃不了热豆腐”，条件不具备，时机不成熟，如果凭想当然胡来，只能是“欲速则不达”，结果会弄巧反拙，越来越糟。所以，有时候“等待”不仅是必要的，而且比胡来要好得多。“有为”与“无为”是相对的，辩证的，如树不动仍在生长，人不动但生理机能仍在工作，事情已经发展得很正常，很顺利，就没有必要人为地打乱节奏。

吃的意义远不止如此，比如《窦娥冤》中窦娥被人诬陷毒死了公公，押赴法场问斩，她说了一句“今日赴法场餐刀”，餐刀，就是吃刀，也就是被砍头的意思。《水浒传》中双方相斗，有时会冒出一句：“那厮休走，且吃我一棒（刀、枪）。”至今，农村仍把小孩挨打叫“吃条子肉”或“吃泥鳅肉”。如果一个人犯了法，叫“吃官司”，被枪毙了叫“吃枪子儿”。一个人发火，叫“怎么像‘吃了铳药’似的？”或者把发疯脾气的叫“吃朱砂的”。胆大妄为叫“吃了豹子胆”，大约豹子很凶猛的缘故。

电视广告中，除了药品、化妆品、电器、服装之外，还有食品，如饼干、汤圆、饺子、方便面、花生油……其实药品中的（非处方药）滋补药也不妨视作食品。

中国人的餐具也很特别。先说“碗”，绝大部分是瓷器，它不生锈，不腐烂，不易变形，但怕“砸”，如果没有外力破坏，它几乎可以像石头那样“永恒”。再说“筷子”，多是用竹子削成，上方下圆，拿起来稳当，用起来便当，而且是成双成对地使用，在英文单词中和裤子一样，都用复数。如果只用一支则不太正常——一支筷子吃藕专挑眼（指好挑毛病）。

男人种田，女人管家。故男以女为室，女以男为家，男女共同生活，同一锅灶吃饭结为夫妻，才叫“有家有室”。

男女成了家才相对稳定，因为“成双成对”符合中国“阴阳平衡”的观念。但一双与一对又不同。“天生的一对”或“天造的一对，地设的一双”。“对”有匹配、相当的意思，还有对得起、对得上的意思，故旧式婚姻讲究的是“门当户对”，门不当，户不对，社会舆论及家长亲族往往要极力加以反对，所以当青楼女子杜十娘对李甲说：“你要是想爹娘，对我十娘讲，十娘随你回家乡！”可李甲终究还是在途中将她出卖，这里有李甲忘恩负义、变心的缘故，就算是带回家，李甲的父母会认杜十娘这个儿媳妇吗？

如果说是鞋子，只说“一双”，很少说“一对”，因为一双它是比较固定的，一只左边脚穿，一只右边脚穿，但筷子就不同，如果掉了一支就要另找一支把它配起来才能使用。况且筷子的配对具有临时性和随意性。筷子是越吃越少，因为它容易掉落，小孩尤其如此，所以筷子掉了就说“筷落”，谐音“快乐”，图个好口彩。

如果要说一个人是懒汉，吃饭后碗筷不洗干净，自不妨说他“筷子越吃越粗，碗越吃越厚（小）”。如果没菜吃，自不妨说他吃老笋子（竹筷）。

母爱是无私的，宁愿自己不吃，也要让孩子们吃饱，宁可自己节衣缩食，也要让孩子们的生活得到较好的照顾。有一幅漫画《母亲喜欢吃鱼头》就是说母亲把鱼肉让给孩子吃，自己吃鱼头的故事。正因为母爱如此伟大，所以才说“寸草难报三春晖”。

清代石成金《莫恼歌》结尾写道：“粗布衣，饭菜饱，这个快活哪里讨？荣华富贵眼前花，何苦自己寻烦恼？”看来，快乐并不是财富越多越好。

中国建筑历来是土木结构，所以格外怕火。故“年年防火，夜夜防盗”，而且说“穷灶口，富水缸；人心实，火心空；趋利避害，善始善终”。所以防火历来是百姓十分重视的一件事！正因为如此，“杀人放火”常相提并论，放火罪仅次于杀人。

据说乾隆皇帝曾出一上联：“三个铜钱贺喜，嫌少勿收，收则爱钱”；村童对出的下联是：“两间茅屋待客，怕穷莫来，来者好吃。”对的多么机智与巧妙。现实中人与人见面往往会问：“吃了没有？”这本没什么不妥，但若一个人刚从厕所出来，另一个人迎上去问：“吃了没有？”则难免让人感到尴尬，回答不好，不回答也不好。

又据说欧阳修曾为人作广告词：“一人一口一星丁，竹林有寺却无僧。巧妇怀中抱娇子，二十一日酉时生。”合起来便是“何等好醋！”

无论做什么，都不能没有自己的努力。人不仅要吃得苦（坚强），吃得亏（大度），而且要吃得气（宽容）。

马子亮的《感悟人生》中有这么一句：“食过三寸成何物，馋什么？”意即食物消化后，都会进那“五谷轮回之所”（茅厕）。

某工厂车间里有这么一条制度：“设备不擦净不走。”这大概与吃完饭后要把炊具和餐具洗抹干净有异曲同工之妙吧。

不会拿筷子，如同不会打算盘、不会写毛笔字、不会说普通话、不认识繁体字一样，都可以归结为中国人的弱点（或缺点）。

“火到猪头烂，功到自然成。”

爱护他人就是爱护我们自己，“城门失火，殃及池鱼”。助人就是助己！

一个人特别生气，叫“七窍生烟”（眼、耳、口、鼻合起来叫“七窍”）。一个人死得很惨，叫“七窍流血”。

“花花乐”纸手帕的广告词是：“好吃不贵，喝好不醉，放胆进门，工薪消费！”

蕲春九星宾馆的广告词是：“以家常菜迎接八方客，以美酒款待天下朋友。高的是品格，低的是价格，永远不变的是我们的风格！”“天天进九星，天天好心情，九星宾馆全体员工热忱欢迎您！”

黄梅广电大酒店的广告词是：“健康的菜肴，优质的服务，是你永恒的追求！真诚欢迎您的光临！”

“月季花”高级彩色纸手绢上的广告词是：“出门在外，太太常交代，少喝酒多吃菜，见了姑娘不要爱，平平安安回家来。”

城里，妻子对丈夫的要求不仅仅是“常回家看看”，更希望的是丈夫能常回家吃饭，常回家洗澡，常回家睡觉，担心丈夫老在外面不回来会出什么问题。谁说不是呢？“男人有钱会变坏，女人变坏就有钱”，唉，钱能通神，“有钱能使鬼推磨”，不，应该叫“有钱能使磨推鬼”。可见，拜金主义、金钱至上，的确害人不浅。但“都是金钱惹的祸”么，就一点也不关人的事吗？

钱锺书先生在《围城》中把鲍小姐比作“熟肉铺子”，因为只有熟食店会把许多颜色暖热的肉公开陈列；又称之为“局部的真理”，因为据说

“真理是赤裸裸的”。而鲍小姐只不过穿得比较露而已，并未一丝不挂。把人比作熟肉倒也与传统不相违背，古来就有“秀色可餐”的成语，或许，美色真的当得着饭吃？

就是今天，每到冬季还可以看到两类人：温度者和风度者。“要风度不要温度”总是存在的吧！

“饕餮”一词，《现代汉语词典》中的解释是：①传说中的一种凶恶贪食的野兽，古代铜器上面常用它的头部形状作装饰，叫做饕餮纹。②比喻凶恶贪婪的人。③比喻贪吃的人。

分析这三种解释，不难发现其共同义是贪吃，无论其对象是兽还是人。关于第一种意义，要看图片可以参考李泽厚的《美的历程》一书。古代生产力不发达，庄稼多一年一熟，所以一个人贪吃，意味着多吃多占，那么别人就会对他不满，故贪吃、贪财、贪婪、贪污，均被认为是应该贬抑的贬义词。

“陶”是瓷器之前用来装水和储存食物的器物（包括烹煮），与人的生命息息相关。所以用它组成的词多带褒义：陶钧、陶然、陶陶、陶冶、陶铸、陶醉（与酒有关）、熏陶。

果真没饭吃，大可不必去偷、去抢，只要有礼貌地去求取即可：讨饭、乞讨。后来扩展了：讨生活、讨亲（老婆）、讨厌、讨论。讨的范围扩大了。但还离不开“口”（开口讨饭吃）。

毁森林就是毁家园，因为乱砍滥伐会破坏生态平衡，引发环境问题，带来生态危机。毁良田，则不仅是砸自己的饭碗，也是砸子孙的饭碗。但这两个问题并未引起足够的重视，这是相当危险的。“但存方寸地，留与子孙耕”，如果人的素质不提高，心地坏了，“良心大大的坏”，那么，很难指望环境得到保护，良田得到保护。

“粥”这种食品，明代李时珍在《本草纲目》中说它“与肠胃相得，最为饮食妙品”。清代王士雍也说：“病人、产妇，粥养为宜。”影视作品中看到灾荒年月有慷慨豪侠之人为饥民施粥，使无数人得以活命，真是功德无量的事。《红楼梦》的作者曹雪芹在撰写这部“百科全书”时穷困潦倒：“举家食粥，酒常赊！”粥，还有取材方便、制作简单的特点，作为献给神仙的物品也没什么不可以，如“腊八粥”。现代食品更是推陈出新，如罐头盒装的“莲子八宝粥”之类，真是与时俱进了！

《本草纲目》中的粥有很多种，加中药以后，可以煮成“药粥（药膳)”，如：韭菜粥、莲子粉粥、芡实粉粥、鹿肾粥、鹿角胶粥、麻雀粥、糯米固肠粥、油菜粥、白果莲子粥（见《濒湖集简方》)、猪肝绿豆粥、菠菜粥、苏子粥、羊肠粥、豆腐浆粥（见《纲目拾遗》)、胡萝卜粥、芹菜粥、郁李仁粥、松仁粥、蛤蚧粥、寒食粥、百合粉粥、干柿粥、蒲公英粥、栗子粥、枸豉粥、陈茗粥、杞叶粥、黄精粥、羊肾粥、猪肾羊肾鹿肾粥、羊肾羊肉粥、红枣糯米粥、菱粉粥、枣仁粥、生地枣仁粥、酥蜜粥等。

除了散见于医书中的“药粥”外，中国古代还有专门介绍粥食知识的书籍《粥谱》。

清代朱伯庐《治家格言》(又称《朱子家训》) 中有这么一句：“一粥一饭，当思来之不易；半丝半缕，恒念物力维艰。”衣食为人所必需，又是劳动所得，劝人珍惜粮食和衣物即是爱惜劳动成果，实质上是尊重劳动，尊重劳动者。因此，爱惜粮食历来被认为是美德，相反，则可耻。

“一粥一饭”，平时称“粥饭”，把“粥”排在“饭”的前面，可见“粥”比“饭”更适合于所有人，尤其是老人、儿童和病人。

唐代李绅的《悯农》诗历来广为流传：

锄禾日当午，汗滴禾下土。

谁知盘中餐，粒粒皆辛苦。

春种一粒粟，秋收万颗籽。
四海无闲田，农夫犹饿死。

唐诗中还有“是岁江南旱，衢州人食人”的悲惨记录。还有“朱门酒肉臭，路有冻死骨”的强烈对比。《红楼梦》中刘姥姥进大观园一节，展示的是富人一顿饭，穷汉半年粮（岂止半年粮?）的不平等事实。

不劳而获，令人厌恶；劳者不获，不平则鸣。《诗经》中劳动者对不劳而食的贵族发出了“不素餐兮”、“不素食兮”、“不素飧兮”的质问。

古时一天只吃两顿饭，西汉晁错《论贵粟疏》：“人情，一日不再食则饥，终岁不制衣则寒。”吃饭时间则分别叫“食时”和“晡（哺）时”。“飧”只是吃点心，不算正餐。现而今，只要有钱，有闲，一天吃几顿是自由的，纯是个人私事，别人无权干涉，这是社会的进步。

如果提醒一个人要有自知之明，不要妄自尊大，不要自不量力，不妨说：“也不摸摸自己的米桶里有多少米!”

“人太刁没饭吃，狗太刁没屎吃。”刁就是狡猾，刁就是挑剔，刁就不能降低标准，一旦时机错过，降格以求恐怕也无济于事，所以，人还应该是聪明而不虚伪，灵活而不圆滑，凡事看开一点、看轻一点、看淡一点为好。太刁，往往搬起石头砸自己的脚，聪明反被聪明误，“机关算尽太聪明，反算了卿卿性命!”

“长江绕郭知鱼美，好竹连山觉笋香”，苏东坡不愧是多面手，虽经千年的风霜，却永不褪色，是黄州一张永不过时的名片，他不仅留下了《赤壁赋》、《赤壁怀古》和《寒食帖》等文化成果，也留下了“东坡肉”、“东坡饼”等美味佳肴。当然，各地都有风味独特的食品，如武汉有“老通城豆皮”、“四季美汤包”、“热干面”，长沙有“臭干子”，重庆有“山城火锅”，天津有“狗不理”包子，浙江有“金华火腿”，兰州有“拉面”，北京有“爆肚冯”和“全聚德烤鸭”，这些食品无不是城市的名片之一。

获取粮食是人基本的生存权利。袁隆平担任世界粮农组织的顾问，不仅当之无愧，而且他也理应当仁不让。他自己说是因为三年（1959—1961年）困难时期发现不少人饿死，于是决定这辈子投身粮种改造，虽屡经挫折，但他意志坚定，初衷不改，终于获得重大突破。

俗话说："人是铁，饭是钢，吃了三碗硬邦邦。"又说："屋要人衬，人要饭衬。"所以，"人活着不是为了吃饭，但吃饭是为了活着"。仔细一想，活着与生活着的区别还是有的。比如陈奂生说他多活几年可以多种几年田，于世上没什么坏处。当然没什么坏处，至少他可以养活自己的老婆孩子。所以他活着不是一味消耗粮食，而是可以生产粮食，也可以算生活着。

巴金先生说："人不能单靠吃米活着"，人还吃什么呢？大概指的是精神食粮吧！

臧克家《有的人——纪念鲁迅有感》一诗写道："有的人活着，他已经死了；有的人死了，他还活着。"这大概指一个人的灵魂对别人产生了很大影响吧！这活，大半指活在他人的心中。

老年朋友，多年未见面，如果不期而遇，也许会说："哎呀，原来你还活着！"这里面除惊奇外，未必没有牵挂的因素。

马克思认为，只有解决了衣、食、住、行问题之后，人才能从事政治、科技、文化等活动。同样强调了物质生产的重要性。事实上，经济活动永远是一个社会的中心活动，粮食生产是物质生产乃至经济活动中极其重要的方面。因为粮食生产涉及经济活动的各个环节：生产、分配、流通(交换)、消费。还有粮食生产的合理布局和农副产品的深加工都是经济活动。

中国人的饮食结构有些地方需要调整，好在人们已经意识到了，从“吃饱”到“吃营养”，再到“吃健康”，这一步一步都在优化升级，这是一个极为可喜的现象。

另一方面，（药品）食品安全又不太令人放心，因为环境的污染，因为化肥、农药的过量施用，因为加工环节的卫生条件不过关，都让人担心会吃出病来。

“庄稼一枝花，全靠肥当家。”农民伯伯说“手不抓屎，饭不到嘴”。种庄稼，“会做做不过粪”，“命好看不见（无绝对标准），粪好看得见（庄稼长得好）”。所以无论牛粪、猪粪、狗粪、鸡粪乃至人粪尿，都是上好的自然肥料，种出来的食品比施用化肥的味道鲜美，是真正的“绿色食品”。城里人买菜为什么专挑有虫眼的，还不是担心农药打多了，会中毒，会致癌？

在人们的印象中，胖子总比瘦子好打交道，故曰“脸上无肉，做事刮（刻）毒”。

关于毛泽东、周恩来的生活习惯，权延赤在1989年7月30日及8月2日《解放日报》上发表的《毛泽东周恩来的“衣食住行”》一文中是这样写的：

毛泽东喜欢吃粗粮和青菜，有时还馋野菜。进城后，他一直保持这个习惯或者说是传统。他始终吃红糙米，而且里面必要掺上小米或黑豆、芋头。

毛泽东吃饭，一般是四菜一汤。这四菜少不了一碟干辣子，一碟霉豆腐（豆腐乳）；这一汤，有时就是刷盘子水。

毛泽东一生没有吃过任何补品，如果一定说吃过，那就是红烧肉。

毛泽东喜欢喝浓茶……

毛泽东喜辣食，“无辣不成菜”。

周恩来喜甜食，

……

周总理有时吃饭就在汽车上，一杯玉米面糊糊，两片面包夹片火腿肉，那么大年纪了，就在汽车上吃这些东西。哎，有啥办法呢？……总理在外面活动多，每次吃了饭必定要记账付钱。

毛泽东曾经提倡“独立自主，自力更生，艰苦奋斗”，还说“自己动手，丰衣足食”。说得也是，天上不会掉馅饼，地下不会长金币，舒舒服服不可能实现现代化，所以艰苦奋斗的精神不仅不能丢，而且要大力提倡。量入为出，克勤克俭，注意节约，反对浪费，是完全正确的。俗话说“勤是摇钱树，俭是聚宝盆”。

1949 年 8 月 18 日，毛泽东在《别了，司徒雷登》一文中这样写道：

美国人在北平，在天津，在上海，都撒了些救济粉，看一看什么人愿意弯腰拾起来。太公钓鱼，愿者上钩。嗟来之食，吃下去肚子要痛的。

我们中国人是有骨气的。……闻一多拍案而起，横眉怒对国民党的手枪，宁可倒下去，不愿屈服。朱自清一身重病，宁可饿死，不领美国的“救济粮”。

商朝末年，有个叫伯夷的人曾反对周武王讨伐商王朝。武王灭殷（商）后，他逃避到首阳山，不食周粟而死。唐代文学家韩愈写过一篇散文《伯夷颂》来歌颂他。

《三字经》上说：“稻粱菽，麦黍稷，此六谷，人所食。马牛羊，鸡犬豕，此六畜，人所饲。”

鲜，从鱼，从羴省声。因为鱼有腥味，古人用羊的羴（繁体作羶）气来做比。鲜，还是指鱼。

羊肉在古代多得很，故美味曰羹，曰羞（即馐，美味之总称）。狗肉也不少，刘邦的连襟在起义前职业是屠狗的，这个人就是樊哙。狗肉多得卖不出去，自不妨说是羊肉（挂羊头卖狗肉）。

刘备在结义前是篾匠，故篾匠奉他为祖师爷；关羽并未当什么理发店的伙计，但他有一把青龙偃月刀（不是剃头的），所以被奉为理发匠的祖师爷；张飞结义前是杀猪的，被奉为屠夫的祖师爷，因为他在三人中是小幺，故旧时称杀猪的屠夫为“三老板”（刘备是大老板，关羽是二老板）。

汉字“家”是一所房子加一头猪。有地方住，有肉吃，自然才像个“家”。猪又是财富的象征。小孩的储蓄罐也多做成猪形。“人怕出名猪怕壮”，猪全身都是宝，对人的贡献很大。粮多→猪多→肥多→粮多，在农业社会中可以实现良性循环呢。

“仓廪实而知礼节，衣食足而知荣辱”，陆游诗云：“鹅湖山下稻粱肥，豚栅鸡栖对掩扉。桑拓影随春社散，家家扶得醉人归。”又有《游山西村》诗云：“莫笑农家腊酒浑，丰年留客足鸡豚。山重水复疑无路，柳暗花明又一村。箫鼓追随春社近，衣冠简朴古风存。从今若许闲乘月，拄杖无时夜叩门。”

春节之所以在中国人的心目中不同寻常，因为它与农业生产密切相关：“一年之计在于春。”

春生、夏长、秋收、冬藏。春夏只管耕耘，莫问收获。只有风调雨顺，才能五谷丰登。只有物阜民丰，才会国泰民安，才会天下太平！

抗日战争时期，天上有飞机轰炸，地面炮声不断，中国的农民们在大地上劳作，日军抓住一个农民问：“难道你不怕死吗？”中国农民是这样回答的：“当然怕死，但只要没被炸死，总得要吃饭，没饭吃岂不饿死？”这朴素的语言中包含着一个深刻的道理：人不能不吃饭，因而也不能不劳动。

东北抗日联军的领导人杨靖宇率部在冰天雪地的东北林海雪原与强大的日军周旋，当他被捕后，日军剖开了他的胸膛，发现他的胃里只有野草、棉絮，没有饭粒。他就是在这样的条件下保家卫国的。想一想他们，我们也该反省一下我们自己的言行举止吧！

世上纷争，简而言之，主要可以概括为争食（饭吃）与争床（配偶）。这正好概括了生存与发展两个方面。有饭吃才能生存，有配偶才能繁衍后代，才能发展。

中国人说“吃”是很宽泛的，用易中天先生的话说是“泛食主义”。如日食叫天狗吃日，月食叫天狗吃月。弱者被强者蹂躏叫“羊入虎口”，到危险的地方去干冒险的事叫“虎口拔牙”。

黑与白本是两种普通的颜色，但人往往赋予它感情色彩，如“黑白两道”、黑白分明、颠倒黑白。读的书多叫“喝了墨水”，没读书叫“胸无点墨”。但也有想起来矛盾的，比如把读过书的称为“亮肚子”，没读书的称“黑肚子”。一个人不知问题的难度，叫“黑人（面前）无难题”。但“小白脸”、“白痴”、“白鼻子（外行）”并不是什么雅称。“黑脸包公”倒是正义的化身。如果调解矛盾，自不妨有人唱白脸，有人唱黑脸。

中国人常爱用的是“直觉”思维——第六感觉。比如小时候或头脑简单的人看人只有两类：好人绝对好，坏人绝对坏。但这并非一点道理也没有。“模糊逻辑”同样是科学的，比如胖与瘦，高与矮，可爱与可恶，虽不能用数学算出一个精确的数字（比例），但凭直觉可以认为某人可爱，某人可亲，某人可畏，某人可恶，某人宜敬，某人宜疏远，得出结论并不困难。

中国老百姓讲究实惠，认为吃什么补品也比不上吃鱼、肉、蛋。鱼在古代品种极多，大禹的父亲“鲧”就是一条大鱼，从字典词典及考古发掘还有古代绘画中可以找到证据（现在呢？不好说）。但古人认为钓鱼而不用网捕符合“仁”、“慈”的儒家文化。奴隶社会的墓葬中出土的有骨制的渔钩，理论上钓鱼的祖师爷是姜太公。古人狩猎主要是挖陷阱和张网。陷阱要作记号，对于人而言，识破了叫做“吉”，未识破（掉进去）叫做

“凶”。网分两种：张在地上捕兽的或张在水里捕鱼的叫“网”，张在空中捕鸟的叫做“罗”，合起来叫“天罗地网”。对打猎有一个不成文的规定：只打飞的禽，走的兽。鸟未飞，兽未跑，不能打它。这对猎人的本领是一个考验，还有小的鸟兽不打。

关于“鱼”，不妨多说几句。吃鱼有利于血管的软化和智力发育。“西塞山前白鹭飞，桃花流水鳜鱼肥。青箬笠，绿蓑衣，斜风细雨不须归。”张志和描写的是在绵绵细雨中的垂钓之乐。“千山鸟飞绝，万径人踪灭。孤舟蓑笠翁，独钓寒江雪。”柳宗元感慨的是垂钓的一份清醒与执著。“江上往来人，但爱鲈鱼美。君看一叶舟，出没风波里。”（北宋范仲淹）风里来，雨里去，苦中得来的成果格外值得珍惜。“竹外桃花三两枝，春江水暖鸭先知。芦蒿满地芦芽短，正是河豚欲上时。”（北宋苏轼）时鲜，时鲜，图的是个新鲜。过时不新鲜怎么办？只好多加作料，如五香、十三香之类。“才饮长沙水，又食武昌鱼”，“武昌”古代指的是鄂城，“武昌鱼”作为美味被写进了毛主席诗词中，一点也不奇怪。

黄庭坚吃鱼，苏东坡问他吃什么，他说吃半鲁。苏东坡说，改天我请你吃半鲁好不好。有一天，正好天晴，苏东坡派人请黄庭坚来吃半鲁，结果吃了“闭门羹”，原来是“铁将军”把门，苏东坡早已不知去向，好一阵子才回来，黄庭坚被太阳晒得不耐烦了，见了苏轼气不打一处来，“你这人说话为何不算数？明明说请我吃半鲁，却又避而不见”。苏曰：“你不是吃过了吗？我请你吃的是下半鲁（即‘日’）。”

中国真正开始专业生产钓鱼钩是很晚才有的事（即有倒钩的那种），清代《红楼梦》中“四美钓鱼”用的是一根纳鞋底的针改做的，这也是古已有之的。杜甫《江村》中有“老妻画纸为棋局，稚子敲针作钓钩”的句子。唐代司空曙的诗中这样写道：“钓罢归来不系船，江村月落正堪眠。纵然一夜风吹去，只在芦花浅水边。”杭州西湖有一个旅游景点叫“花港观鱼”，原是清代一位皇帝所书，那“魚”字省去了下面四点。因为四点代表火，鱼见了火岂不死了，于是乎省去，这里面体现了“上天有好生之德”的悲悯情怀。

中国随便一种食品都有其独特性。比如，乡下的人们有时为了赶时间，用鸡蛋炒现饭，这种“蛋炒饭”居然伴随着华人漂洋过海，传遍全球，就是老外吃了也竖起大拇指，连声说“OK，OK”。可见，越是中国的越是世界的。汉堡包、肯德基、韩国烤馒头等洋食品虽然抢滩登陆中国市场，但中国的主要追捧者是年轻人。如果老让他们吃这些洋玩意儿，肯定也会有吃腻的时候。

一个人说他也曾见过世面来着，往往会说：“没有吃过猪肉，也总还见过猪跑（或走路)”，意思是，一个人应该有起码的常识。

中国人的传统药品中，绝大部分是中草药。中草药分上品、中品和下品。上品中有不少是滋补的，排在上品中的第一位是人参，“久服（当萝卜吃?)，可以轻身延年”，排在第二位的是黄芪，如果没病，但只是身体虚弱，自然不妨补补的，但若是病未诊治，一进补反而会弄巧成拙——帮倒忙。

中医认为“天人相应”，冬至日过后，阴气因到极点而渐渐减少，阳气虽隐伏但开始上升，人在这个时候（即“冬至”到“立春”一段）应该吃好一点，一是为了抵御数九天的寒气，一是为来年的健康打一个底子，故中医主张“冬季进补”，相对于前三季，冬季是农闲，加上天冷不会出汗，所以进补时，身体易于吸收。

农业生产很讲究时间性、季节性，“人误地一时（春)，地误人一年”。人的成长又何尝不是如此呢?“少壮不努力，老大徒伤悲”的忠告又有多少人真正当回事呢?“黄金时代”不抓紧，难道到“青铜时代”、“白铁时代”才想起来要“亡羊补牢”吗?“长江后浪推前浪，世上新人赶旧人”，“江山代有才人出，各领风骚数百年”。在三百多万年的人类进化史中，在46亿年的地球历史上，在浩瀚的宇宙中，每个人犹如一个水分子，至多不过是一个水滴，但既然在地球上存在过，总得起点作用吧，难道晚年做人生总结时，真的只记起吃了几十年饭?果真如此，岂不太遗憾?

中国拥有 13 亿人口，如果粮食短缺，就会发生动乱。就算有钱，也没有那么多粮食可买；就算有粮食可买，毕竟不如自己生产长久。“别人给一兜（口袋），不如自己有一株”，所以说“无农不稳，无工不富，无商不活”，如果生活不稳定，发展就是一句空话。所以“吃饭”是中国百姓乃至政府的头等大事。

中国目前的农村经济叫“拐杖经济”。一边打工，一边种田。忙时种田，闲时打工。两头都不耽误，但两头都放不开手脚。不打工没钱花，不种田又担心万一打工不长久怎么办？万一没处打工还不得回家种田？

“靠山吃山”，“山”可以像责任田那样经营，种竹子，种水果，种茶树……这样，种植经济林木就是极好的家庭副业，这需要政府的政策支持和技术指导。（种药材也可以，李时珍医药集团，年创利税达 2000 万元，占蕲春财政收入的 1/10，不可小视。）

中国目前的经济繁荣来自两个动力：一是投资规模不断扩大，二是资源的过度消耗。这两者有一个方面放慢或是锐减，中国经济都将会是另一番景象。所以，不能满足于眼前的所谓“高速增长”，要考虑的是如何实现科学发展、可持续发展。中央宏观认识是到位了，但各地为了局部利益，能顺利解决好这个事关未来几十年经济能否持续增长的问题吗？这也是对地方政府的执政能力的一种考验！

近几年来，随着户籍制度的放开，随着城镇化过程的不断推进，在一些经济发达的地区，成功地实现农村土地的合法流转，出现了一些种田大户或农业公司，这也许是从整体上解决当前农业困境的一个大方向。

关 于 “人”

什么是人？人为万物之灵，是有感情的动物，哲学家认为人是有“灵魂”的动物。

如果你拿这个问题去问 10 个人……13 亿人，60 亿人，也许会有 10 个、13 亿个、60 亿个不同的答案。

中国人（姓中国，名人）教授比较赞同马克思的观点，人是一切社会关系的总和。

但中国人教授给出的关于“人”的定义是：人就是人！

中国人教授犯了一个逻辑上的错误，他不会下定义。他的同事逻辑学（姓逻辑，名学）教授善意地提醒他，应该这样下定义：人是非人。

这份好心，并没有被中国人教授领会，并且还振振有词地说，我是照老祖宗学的，《汉语成语小词典》上就有一个成语“丁是丁，卯是卯”，还有日常生活中经常说他（你、我）是他（你、我），桥（路）归桥（路）。怎么就不通呢？

但逻辑学教授还是以为中国人教授不可理喻，简直就是废话一句。

人与人看起来差别不大，都是横眼睛竖鼻子。但逻辑学教授却不以为然，他认为，人和人不一样，有老祖宗的话为证：“人心不同，各如其面”；当然，人和人也有相同之处：“人同此心，心同此理。”

中国人教授认为，是人就得说人话，是人就得干人事，是人就得像个人样子。人不能把自己不当人，也不能不把别人当人，人常常把自己当做“东西”，因为不肯（不会）好好地说人话，干人事。中国人教授认为，人不应该伤害别人，人不应该让别人受伤害，人也不能自己伤害自己。

通过研究，中国人教授得出结论，人和人的差别在于业余时间，人和人的差别在于细节，人和人的根本差别在于心（认知、知识、认识、思想、观念、灵魂）。

中国人教授被评为教授是破格的，因为他有许多“硬”件不合格。

如：中国人教授的档案中还缺少许多证件。他没有《出生医学证明》（他母亲那儿也没有《计划生育服务证》，因为他出生的时候，咱们国家还没有实行计划生育），他不是生在医院的产房里，而是生在大别山山旮旯一个普通农民家庭，有他仍健在的母亲为证。

他本不想（不愿意）到地球上来，因为他害怕，他畏惧，他大哭（大闹，据说会叫的下蛋鸡有谷吃，会哭的孩子有奶吃）。但这由不得他，老天爷安排他来，他能不来吗？他不得不（必须）来呀，于是他就来了，这是一个事实。

他一出生就和父母展开了斗争，斗争的方式是哭，他饿了哭，他冷了哭，他不舒服的时候也哭，一哭他父母简直乱了方寸，不得不迁就他，不得不哄着他。哭成了他对付亲人的法宝，长大了以后才发现哭是一个全球性的问题，有部电影的名字就叫做《莫斯科不相信眼泪》。

还有一首曾经很时髦的歌曲，歌名叫《男人哭吧，哭吧，不是罪》，有点反潮流的味道，像《三国演义》中的魏延那样，头顶上是长了“反骨”，因为我们的祖先告诉我“男儿有泪不轻弹——后一句可以省略：只是未到伤心时”。

对于他出生的这样的安排，好久以来，他都不太满意。为什么不生在总统家，最好是美国总统家，据说将来接班了（子承父业，无师自通），可以坐一坐“空军一号”波音飞机。当然，次一点，万一要生，千万莫生在乡村，最好生在城市，古时候，小城叫邑，大城市叫都，最大的城市叫“首都”。他如果生在中国的首都北京，同样不满意，不快乐，特别是读了《北京人在纽约》之后，他特羡慕美国。发生“9·11”事件之后，纽约世贸大楼垮塌，他又很庆幸，幸亏没生在那儿，否则也许会没命的，想起来就后怕，晚上做梦，不是做美梦，而是噩梦，做整夜的噩梦。此是后话（注：美国首都是华盛顿，并非纽约）。

如果生在中国东部的大都市——“大上海”，那该多好哇。但是他并不幸福，看了《上海人在东京》之后，他很向往日本的东京。但这种想法后来又改变了，因为东京地铁曾发生过可怕的沙林毒气事件，奥姆真理教用毒气毒死了许多平民。这也是后话。

他很想生在法国的首都巴黎，据说法国人具有浪漫气质（从前叫罗曼蒂克，英文写法是 romantic），那儿有罗浮宫，有时装展览会，还有香水……哎,太可惜了！因为他出生在中国的乡村，这是无法改变的事实。

中国人教授没有健康证，因为他一出世就挨饿，饿得饥肠辘辘，四肢瘫软，两眼发花。但是，他犯了许多中国人的通病，他特“阿 Q”，早把这点痛苦忘得一干二净，用他小学时学的话说早扔到太平洋去了，他曾经学过“把中国落后的帽子甩到太平洋去”这样的豪言壮语，他上文学系的时候又读到“早扔到爪哇国去了！”他通过学习地理才知道“爪哇”原来是东南亚的一个小地方，离咱们并不遥远，是同垸的，因为现在都“地球村”了，所有人都是村民。人总有点怀旧的情绪，喜欢用很“土”的词，如“度假村”、“亚运村”、“奥运村”。2008 年中国承办（或叫主办或叫举办）第 29 届奥运会，地球村的姑娘们、小伙子们来参加运动会，他们住的地方（或叫下榻的饭店，或者叫 XX 星级宾馆，或叫 XX 中心）叫“奥运村”。

现在，中国人教授的地位提高了，他的生活水平与从前相比，更是天壤之别，从前是在地狱，现在是天堂。但是他好了伤疤忘了痛，他患了健忘症。

他端起碗来吃肉，放下筷子骂娘。想从前，他逢年才吃一顿肉，不仅不骂人，还乐得跟什么似的，一蹦三尺高，尽管一年当中有且仅有一次。那时他心理特别平衡，因为好多人都这样。现在可不一样，好多人比他强，他心里从不满足、不平静、不快乐、不幸福。

哎，真应了一句俗话：“人比人，气死人！”

中国人教授认为，人好比蛹化蝶，必须吃够人生该吃的苦，从“地狱”到“天堂”之间，必须经过“炼狱”这个阶段，不可能从“地狱”一下子跳上“天堂”，但这绝不是说人吃苦越多越好，也不是提倡苦行僧式的生活，并且还说中国大学的哲学系教授墨翟先生也是持这样的观点，可见，并不是什么新东西，而是“我们中国早就有了”。他还说人的脸就是一个“苦”字，有眼、有鼻、有口，人生来就是要吃苦的，虽说查无实据，但事出有因（或者是“事出有因，查无实据”）。

对于这么多的不平衡，中国人教授已习以为常，见怪不怪，可见习惯势力是多么可怕，是人都有惰性。

法国存在主义哲学家萨特先生说过，存在就是合理的。不少人对这种观点持怀疑态度，甚至持反对态度。但中国人教授认为它有合理性。于是，有人问他，有人杀人放火，有人抢劫，有人吸毒，有人赌博，难道都合理吗？中国人教授认为，许多人把“合理”与“合法”混为一谈，其实，这“合理”的“理”，不是“真理”的“理”，也不是“歪理”的“理”，而应该解释为“原因”，即一个事物之所以存在，总是有它的原因。这有点像宣传因果的味道，因为据说这是“封建迷信”，从前相信因果的人多一些，现在要少一些。不相信有什么好处？天不怕，地不怕。与天斗其乐无穷，与地斗其乐无穷，与人斗其乐无穷。斗来斗去，弄得筋疲力尽，弄得遍体鳞伤，弄得体无完肤。(越斗越穷。)

中国人教授认为，中国人之所以不快乐，主要是因为没有过一种平衡(准确地说是“动态平衡”）的生活。好比一辆负荷重物的汽车，不平衡就侧翻或者颠覆。

中国人教授的学生说他的课讲得很“新”，是一种超越，可他本人并不这么看，认为这不过是回归，从“人”这个起点出发，绕了一圈又回到“人”这个起点。他认为他到达不了终点，因为他还没想明白“人”的终点在什么地方。

那么，这是不是倒退呢？是否在做无用功呢？中国人教授并不这么想，他认为“人”这个题目太大，凭他那点小聪明要想把这个课题完成，无异于天方夜谭，就是60亿人都在研究，也未必有什么成果。于是他由求虚到求实，还是采用老祖宗的办法，以退为进，不再直奔主题，直奔目标，而是采用迂回战术，先研究“做事”这个小题目，弄个阶段性成果出来再说，否则，他就不能准时“结题”，他想通过这个办法向一个“中等目标”逼近，步步推进，步步为营。这个不大不小的目标，有一个题目，叫“怎样做一个真正的中国人”，据说，不少人现在不叫地球人，也不叫太阳人，更不叫银河人、宇宙人，而是叫“XXX……新人类”，不像我们老祖宗说话，“较新”，“最新”，多么简明扼要。

中国人教授忽然发现了一个奇怪的现象，就是中国人不会说中国话(到底有多少人，未做详细调查，不敢轻易下结论)。这些人据说是“英语六级，汉语初级”。按说中国人既然外语水平这么高，那与国际惯例接轨应该不会有问题吧，其实不然。大多数学外语的中国人学的（比例占多少，未做调研）都是英语，所以中国一说到外语，一般都指英语，这好比两个人关系密切时说话那样“心有灵犀一点通”。

中国人说的外语外国人听不懂，中国人说的国语中国人听不懂，你说怪不怪？其实也没什么值得大惊小怪。如果大家都认为不正常的事情是正常的，那么正常的事情理所当然就是不正常了。

还有，中国人教授学的知识据说是一笔糊涂账。他既研究微观，又研究宏观，他其实最想研究的是宇宙观，像爱因斯坦、霍金那样，思想深邃，目光敏锐。可是，想归想，终究底气不足，就像练中国武术没练“桩”功一样，是“三脚猫”的功夫。他觉得他特像《红楼梦》中那睪丫头晴雯“心比天高，命如（比）纸薄”。所以，他（碰得头破血流之后）认识到他的想法太不现实，那不叫理想，叫空想、幻想。

中国人教授知识（应叫学识）渊博，但不成系统，杂乱无章；见解似乎有新意，其实大多是照搬照抄（经常出错，连他的学生都不如，因为他讲课时学生常常能指出他的错误，据说不够严谨）。中国人教授虽然视学术为生命，视质量为生命，但他求质不求量（不符合时代潮流，不时尚，不流行），一辈子只写那么一本书。

不像能写（姓能，名写）教授，一年出厚厚的专著好几本。这颇有点像“中国大学”的已故“教授”司马迁，一辈子呕心沥血也只弄那么一本《史记》。

他无法与司马迁比，因为司马迁吃的苦比他多，受过宫刑。司马迁先生的父亲司马谈老先生也曾经是“资深教授”，司马迁的学识之所以丰富，据说因为是“读万卷书，行万里路”，也有耳濡目染、家学渊源的缘故。

“人固有一死，或重于泰山，或轻于鸿毛”，司马迁先生这句名言，许多中国人都背诵过。

中国人教授认为学科变化太快，天下大势，分久必合，合久必分。所以他自己也说不清他的知识应归到哪一类。

拿破仑的名言“不想当元帅的士兵不是好士兵”，曾让无数人上不着天，下不着地，前不着村，后不着店，“浮云柳絮无根蒂，天地阔远随飞扬”（唐代韩愈《听颖师弹琴》），以至“欲渡黄河冰塞川，将登太行雪满山”（唐代李白《行路难三首》），竟至“拔剑四顾心茫然”（唐代李白《行路难三首》)。其实，不想当元帅的士兵未必就不是好士兵。

如今，老“拿”的观点算是老掉牙了。许多人不知道自己该叫“啥”人，据说不叫中国人，也不叫地球人，叫新新人类，或新新新新人类。许多人野心勃勃，一心想当地球长、月球长、太阳长、银河长、宇宙长。本事不大，想当太阳系的副主任（未设正主任)，其实就是忘了自己是“中国人”!